100歳人生を生きる!

92歳、本日も絶好調!!

櫻井秀勲

Sakurai Hidenori

きずな出版

はじめに　三つの意志をもって生きる

「年賀状は今年で終わらせていただく」という通知を、毎年のように、いただく年頃になりました。

これは寂《さび》しいものですが、でもその友人が元気の印でもあるので、何もないより明るい印象です。私はおかげさまでまだ毎年、出しておりますが、ネットという便利な通知の方法もあるので「まだ元気ですよ！」と、こちらでも書きつづけることにしています。

私は多くの高齢者とやや性格が違っているのか、年賀状やパーティなどで「まだ元気でいますよ！」と、知らせるのが好きです。友人、知人の多くは、高齢になったら、いつの間にか静かに門を閉じる、というタイプなのですが、私はみんなに、自分の現況を知らせるほうが、長生きするような気がします。

ここが重要なところで、パソコンやスマホを使ってでも「自分のニュース」を広げる人、知らせる人のほうが、順調に長生きするような気がするのです。

これは家庭内で無言のまま一日中すごしている人ほど、高齢になると引きこもりがちになるのと、よく似ています。引きこもると、言葉が口から出なくなりますが、ハガキやスマホを使わない人は、手から言葉が出なくなってしまうのです。

どちらも正確にいえば、頭脳が利かなくなるということですが、これからは日本人の人生は、高齢化する一方です。それというのも、医学や食べ物、健康運動という分野での研究が進むうえに、私のような生活面、生き方面で、新しい考え方を持つ人が増えてきたからです。

さらに戦争を経験して日本に帰国した兵士や帰郷者によって生まれた、団塊《だんかい》の世代が現在70代ですが、この大きな男女の年齢の塊《かたまり》も、ここに加わってきます。

子どもは少ない割りに、100歳世代がぐんぐん増えていくのです。

でも現在、70代の団塊の世代が100歳代になるのは、当分先ではないか、と思う人も多いかもしれません。一見するとそう思われますが、戦争の荒波をくぐってきた人たちほど、強い身体と強い意志を持っています。

これらの人たちによって、現在早くも１００歳世代が少しずつ増えてきています。私より一世代前の大正末期から昭和初期に生まれた世代こそ、戦争のきびしさに耐えた「忍耐、意志、気力」の三つの力を持っていた人々だと思うのです。

もちろん、これらの人々は、すでに亡くなられた方々が多いのですが、中にはまだ健康で聡明なタイプも生き残っています。

私の世代はこの「忍耐、意志、気力」を継ぐ世代ですが、他人にはそれほどきびしくない割りに、自分自身には、きびしい点が多いのかもしれません。

だから、「櫻井さんのように、一日中、仕事のことばかり考えていられない」という人もいるでしょう。それは当然であって、またこれからは、ここまできびしく自分を律しなくても、１００歳まで生きてしまうのではないでしょうか？

もっとも自分では「きびしい！」などと、まったく思っていませんが。いずれにしても１００歳時代は目の前までやって来ているのです。それに乗ったほうが楽しいと思いませんか？

〔目　次〕

第2章 生き方、死に方を語ろう

第3章 長生きは見た目が9割

第4章 50歳から100歳までの生き方

第5章
82歳からが本番の人生

第6章

長生きの方法が間違っていないか

第7章

自分史を書き続けていこう

100歳人生を生きる!

92歳、本日も絶好調!!

第1章

高齢化することの意味

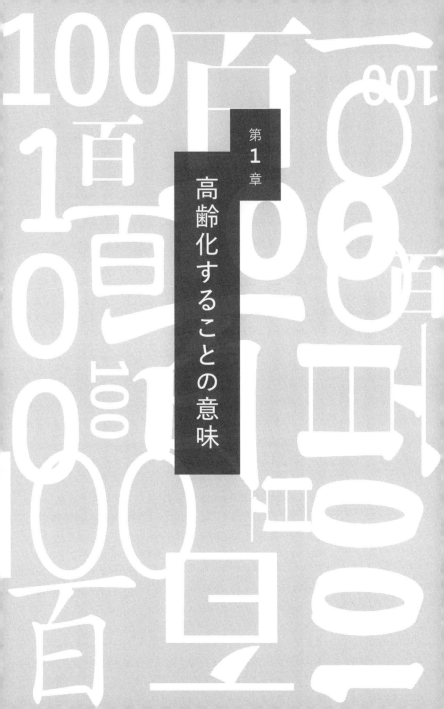

懐かしむ心を大切にする

老いてくると、若者たちの話を聞くことが多くなります。少し前までは外出することが当たり前であり、それだけに、自分の好きな場所にいて、気分を落ちつかせることができました。

ところが自分で自分のからだの自由が利《き》かなくなると、家にいて長い長い一日を、若い家族の声を聞いてすごすことになります。これはどんなに社会で偉かった人でも、避けるわけにはいきません。

なぜなら、からだの自由が利かなくなるので、毎日をほぼ同じ場所ですごすことになるからです。仮に家族から離れて、自分の部屋に閉じこもっても、テレビやラジオをつければ、今風な音楽や話し声を聴くことになります。

また茶の間にいたら、聞きたくないような、あるいは聞いていても、まったくわからないような家族の話し声が耳に入ってきます。

苦々しい思いでいても、からだが自由にならない年頃になると、それを黙って聞いて座りつづけていなければなりません。

もちろん、若い人たちの話が、快《こころよ》く耳に入ってくるようであれば、それだけ若いということですから、最高でしょう。できれば、そういう高齢者でありたいものです。

しかしこちらに若さがなくなると、若い人の声や話は、そう快いものではありませんん。そんなときは、以前の古い本やレコード、あるいは昔風の食べ物など、懐《なつ》かしいものを手許《てもと》に置くようにしませんか?

私は昭和期の本やレコード、CD、新聞、雑誌類を捨てずに、いろいろ取ってあります。昭和の終わりは今から30年以上前になりますから、持っているだけで珍しいかもしれません。

また捨てたとしても、最近は昭和ブームの感じが強く、街には昭和期の物品が売りに出されているので、好きなものを買い求めることもできます。

あるいは現在50代、60代以上の人たちは、昭和を生きた人たちです。それらの人たちと話をすることもできますし、近頃はネットで、それらの人々と会うこともできるでしょう。

もっと積極的に『昭和の話をしませんか?』といったグループを組織することもできます。それこそtwitterでもfacebookでもYouTubeでも、率先して情報を流したら、必ずそれに返信する人が出てきます。

そうなると、一日中家に閉じこもっていても、一人ではありません。92歳の私でも、大勢の方々から返信が届きます。つまり軽い話し友だちができるのです。

私はこの年齢でも、いろいろなファンの会を持っていますし、ネット上で、古い友だちを見つけることも少なくありません。そんな人々と古きよき時代を、懐しんでみませんか?

それだけで生きているのが楽しくなります。私はそれだけで、毎日が忙しくてならないほどです。

百歳の目標
百歳の現役社長
本を書き
社長
自分の足で歩く
昭和の音楽
昭和の映画
昭和の文学

自分の歩速を知っておく

年をとるということは、残念ながら、からだが自由に動かなくなる、ということです。頭の回転はまだそれほど鈍《にぶ》くならなくても、手足や記憶力は間違いなく衰《おとろ》えていきます。

これで失敗するのが、横断歩道での事故でしょう。私の昔の上司は、横断歩道の黄信号で渡りはじめ、途中で赤に変わったことで、自動車事故に巻き込まれました。

また階段でも上がることはできても、下りで事故を起こすケースも少なくありません。さらにこれが地下鉄の階段の下りとなると、長い階段を下まで落ちて、即死する人もいるようです。

自分の家の階段でも、手すりがあるかないかで、大きな違いが出てきます。これは介護保険で取りつける方法もあるので、よく調べることが大事です。

この地下鉄と自宅階段は、狭い土地につくられているため、ＪＲや大きなビルの階段のように、ゆったりつくられていません。それだけ危険ということです。

いちばん安全なのはエレベーターでしょうか。上りはエスカレーターを使用しても、下るときはなるべくエレベーターを活用しましょう。

私の現在の経験では、自分の足、脚を使って歩くことはできても、階段の下りはゆっくり降りないと、うまく使えないことがあります。

これは脚そのものは使えても、足先が自由にならない、指先がとっさに動かないのではないか、と思うのです。

ときどき高齢者の車の運転ミスが報じられますが、「ブレーキを踏んだ」といい張る人が多いようです。恐らくそれは正しいのでしょう。

ところが微妙なところで、足先が柔軟に動かないのではないでしょうか？　これは手の指でも似たようなところがあり、柿やりんごの皮を包丁で剝《む》くときに、危うく指を切りそうになります。

私は自分の手指の動きを確かめるために、包丁を使いつづけています。仮に包丁を使って指を切るようになったら、それこそ、からだ全体の老化が進んだと認識して、高齢者施設に入る用意をすることになるでしょう。

これは、なにも両手が老化したということではなく、脳からの命令を、からだが受けとれなくなった、ということで、自分の危険だけでなく、他人を傷つける可能性が出てきた、という信号だと思うからです。

世間では高齢者の自動車免許証をどうするか、ときどき話題になりますが、自分で「こうなったら返還」という基準をつくっておくことが大事、と思っています。私は80歳で返還しましたが、「バックするときの足指の自由が利かなくなった」のも、理由の一つでした。

それぞれにからだの黄信号、赤信号を考えておくのはどうでしょうか?

なぜ笑顔になれなくなるのか？

当然のことながら、100歳に近くなってくると、楽しいことが少なくなります。むしろ悩みが多くなり、苦痛で顔が次第に硬直していきます。

これが100歳直前の日常でしょう。これで鏡を見ると、いや、自分の年とった顔を見るのがイヤで、鏡を見ない人も多いのではありませんか？

私のケースを話しますと、笑顔が少なくなりはじめたのは、80代でした。70代までは仕事で全国を飛びまわって忙しくしていたので、喜怒哀楽を顔に表わす日常が多く、表情がよく動いていました。

表情が動くということは、笑顔も多い、ということです。

特に男性の笑顔は、ビジネスにつながることが多いのが特徴です。

それに対し、女性の笑顔はビジネスとプライベート半々、といっていいでしょう。これはそれぞれの生活により、大きく異なりますが、それでも男性は仕事がなくなっていくと、笑顔もなくなっていきます。

これは当然で、会う人が少なくなるからです。

これに対して女性の場合は、家族や近所とのつき合い、女友だちとのおしゃべりなどが、男性より長くつづきます。特に孫のいる女性は、笑顔が出やすいのです。

これを単純化すれば、話し相手がいる人ほど、笑顔はつづくということです。

私がネット上で、さまざまな教室やYouTube、Facebookなどを開始したのは、笑顔をつづけるため、といっていいかもしれません。

実際、笑顔が増えましたし、現在92歳になっても、喜怒哀楽の表情がひんぱんに出てきます。

医師や料理家は、それぞれの専門から「こうすれば年をとらない。若返る」と教えてくれますが、それより安上がりで元気になる方法は、友だちを増やして、話すこと、笑うことだと、私は信じています。

それというのも、たとえば料理でいうと、毎日、料理研究家のいう通りに食べるのは、まず不可能だからです。

私の若い頃はコーヒーを飲みつづけたら、がんになると、本気で信じられていました。ところがマスコミに就職した私は、一日平均3杯は飲まざるをえない生活でした。

これは一例ですが、先生方のおっしゃる通りの生活をしていったら、人によっては仕事ができなくなってしまうのです。これは今でも同じでしょう。

「一日3食」が2食になったり、4食になっても、それで病気になる、死ぬなんてことはないのです。そんなことをいったら、私などこれまで4、5回は死んでいます。

それより毎日何人かの人と話をして、大声で怒ったり、笑ったり、泣いたりしているほうが、はるかに長生きするでしょう。私はそれを実践して、100歳以上まで社長業をつづけたいと思っているのです。

あなたの人生目標は何か？

90年以上生きてきて、あとひと息で、100歳の大台まで達するところまで来ましたが、ようやく「人生の目的」のほとんどを達成しようとしています。

ここまで生きつづけてくると、何のために「あと何年生きたい！」と、目標、目的をはっきりしないと、生きている意味がないような気がします。

もちろん目標、目的はどんどん変えていくべきです。それもむずかしい目的でなくても、一向に構わないのではないでしょうか？

「1億円を、残された家族に遺す」目標でも、すばらしいでしょう。あるいは「わが子を社長にする」という目的を抱《いだ》いている父親もいるでしょう。そんな大きなことでなく、「人に迷惑をかけずに逝《い》ければいい」という人もいるでしょう。

人それぞれですが、この辺で目標を決めてはどうでしょうか？　私の目標は「世界平和」といった、大きなものではありません。もっと小さいものです。

❶ 100歳台で本を書きたい

100歳という目で、この世の中を見てみたいのです。私の知るかぎり、100歳以上で何冊も本を書いたのは、書家の篠田桃紅《しのだとうこう》さんで、101歳で『百歳の力』を書いています。まもなく100歳に到達する佐藤愛子さんも、書くと思いますが。

❷ いまの「きずな出版」社長を、現役のまま迎えたい

仮に「100歳で現役社長」の申請を、ギネスワールドレコードに提出したら、どうなるでしょうか？　それも楽しみの一つです。

❸ 自分の足で立ち、歩きたい

私は自分という人間が「生きている」という実感を「自分の足で歩くことで、異なる景色を見られる」という形で、味わいたいのです。たとえそれが叶《かな》わなくても、生きている限り、そういう目標、目的を持ちつづけていたいのです。

果たしてこの三つの目標が叶うかどうか、それは、これからの私の生き方次第でしょうが、できるかぎり「実現したい」と、欲求を持ちつづけたいのです。

人生、目標を捨ててしまったら、そのとき、生命は必要なくなってしまいます。

私の若い時代の仲間に、寺山修司という詩人兼舞台芸術家がいました。すばらしい才能を発揮し、大変な人気の持ち主でした。

彼は東京・渋谷の小劇場ジァン・ジァンで芝居を演出していましたが、突然気が向くと、電話をかけてきます。

「芝居が終わったら会いたい」というのです。彼は私より四つ年下でしたが、生来、寂しがり屋だったのです。彼の詩に「さよならだけが人生ならば、人生なんかいりません」というものがありますが、私も「さよなら」という言葉はいいたくないし、その言葉は、捨ててしまいたいのです。

彼は47歳の若さで死んでしまいましたが、今年（2023）は彼の没後40年に当たります。私はできるだけ彼の詩の通り「さよなら」という言葉を使いたくないのです。それも自分から「みんなさよなら」というつもりは、まったくないのです。

自分の生活を常識と思わない

「櫻井さんは何のために、長生きしているのですか?」

突然、60代の男性から質問を受けたことがあります。一瞬、虚《きょ》を衝《つ》かれた思いでしたが、そんなときほど、真剣に長生きの哲学を答えるわけにはいきません。

「女性とつき合うためかな?」

そう答えたら、今度は相手が立ち往生する番でした。まさか90代の男から、そんな答えが出るとは思わなかったのでしょう。

恐らくその男性は、すでに女性問題とは無関係になっていたのでしょう。それに仕事もそろそろ上がる年齢でした。その時期の男性は、仕事をしていても、終わりに近づいているうえに、目標を失っています。

すると、当然のことながら、自分より20も30も上の男が、女性とつき合う能力など、あるはずがないと信じています。ここで重要なところは、誰でも自分の年齢とか暮らしを、平均値として考えてしまう点です。

あるとき私は、一人の中年男性と話していました。そのとき、その男性の口から「３０００」という数字が出たのです。私は当然「３０００万円」だと思いました。ところがよく聞いていくと「３０００億円」だったのです。

私の生きてきた世界では、個人の口から「３０００億」という数字が出てきたことは、一度もありません。この数字を聞いたとき、当然３０００万円と思ってしまったのです。

これはお金の話ですが、睡眠、食事、健康法など、自分の常識と、ひどくかけ離れている生活法もあるのです。

私はこれまで雑誌の編集者を長年つづけてきたので、一般人より知識は豊富だと思っていますが、それでも自分の常識は狭い、と思っています。

「空に行くか？」といわれれば、誰だって飛行機に乗るものと思ってしまいます。しかしこれからは90歳、１００歳でも宇宙に行く可能性も高いのです。「カーク船長」シャトナー氏は実際、90歳で宇宙飛行をしています。すでに月や火星探査は常識になっています。

このとき、若い人たちより、高齢者が優先されて使われるでしょう。なぜなら若い人たちが先に大量死をしたら、地球が危ないからです。

その点、高齢者はいくら死んでいっても、地球への影響は少ないのです。私は現在の地球上での生活を、常識とは思っていません。仮に宇宙暮らしの募集があったら、応募したいと考えています。

女性とつき合うために生きるか、宇宙人とつき合うために長生きするか――冗談めいてしまいますが、一人ひとり、自由な長生き生活をするのも、面白いではありませんか？

常識を外すことで、意外にも、若々しく長生きできるのではないでしょうか？　その意味で私は、スタートトゥデイの創業者の前澤友作《まえざわゆうさく》氏の一挙手一投足に注目しています。

10歳まで育てば30歳までは伸びる

私は毎年、翌年の手帳が出ると、すぐ買い求めて、スケジュールを記入しはじめます。

たったこれだけで、これからの一年、元気で活動するぞ！　という勇気がわいてきます。実際には、10年先まで記入できる大きめの手帳も持っているのですが、これだと単に予定を入れているだけで「その年まで必ず生きるぞ！」という決意がわいてこないのです。

ところが翌年度版になると、決まっているパーティで「何を話そうか」「何を着て行こうか」と、具体的に考えるようになるので「生きて活動するぞ」という思いが強くなります。

なかでも私の場合は、3月4日の『きずな祭り』と7月15日の『博多祇園山笠《ぎおんやまがさ》の追山《おいやま》』の二度にわたるお祭り騒ぎのスケジュールは、ペンで記入していくだけで、血潮が熱くたぎってきます。7月15日の欄には「いざ出陣！」と書いてあります。

社長と個人の2人分の興奮が、からだ内部を巡るからでしょうか？ 毎翌年の手帳には、こういうプラスがあるので、いい換えれば、手帳に予定を記入しただけで、翌年の一年は元気でいられるという効果を生むのです。

『きずな祭り』と『博多祇園山笠』は、私にとって10年以上係わっているお祭りです。『きずな祭り』は毎年3月4日開催ですが、きずな出版の創立記念日であると同時に、私の誕生日でもあります。

不思議というか、偶然というか、最初にきずな出版が出版する書籍を、全国書店に取次いでいただける通知の届いた日づけが、まさに私の誕生日だったのです。これは大きな幸運で、丁度その年で私は82歳になったのですから、きずな出版もこれから82年間はつづく、つづくだけでなく発展していく、ことを意味しています。

今年の創立記念日は10周年に当たるので、人間の伸び方同様、これから二十数年は、青年期として逞《たくま》しく伸びつづけていくだろうと、運命学の専門家である私は、自信を抱いています。

これは人間の運命も企業の盛衰《せいすい》も、よく似ているということでしょう。人間の子どもの頃、企業でいえばスタートして5~6年の頃は、まだ、しっかり育つかどうかわかりません。それでも10歳まで育てば、そう簡単に死んだり、倒産したりすることはないでしょう。

むしろ10歳まで育てば、30歳くらいまでは、人間も企業も元気に育つだけでなく、ことによると信じられないくらい、大きく成長するのではないでしょうか？

運命学的にいえば、衰えるとしたら、いまから40年ほど経《た》ってからでしょう。それまでは、スクスクと上に伸びるか、横に広がるか、どちらかではないでしょうか？

私の運命学からすれば、これからは横に伸びるのが望ましいと思っています。これは企業だけでなく、個人でも同じで、できるだけ社脈、動脈、人脈を、横に広げていってほしい、と思っています。

そのほうがどっしりと、豊かで健康な活動ができるはずです。

第2章

生き方、死に方を語ろう

火葬がいちばん安心なようで

現在の日本は高齢化社会のまっ只中《ただなか》ですが、それは同時に、多死社会に向かっていることを表しています。

ところが今の日本には、多くの死者を火葬する場がありません。なにしろ２０４０年には、死者は50年前の2倍以上に増えるのです。これでは到底、死者は安心してあの世に行くわけにはいかないでしょう。

では土葬はどうか？　というと、日本は昔から火葬社会なので、土葬は一部でしかできません。それに家族は土葬に強く反対するでしょう。たしかに東京の近辺を探しても、茨城県、栃木県、山梨県の一部に、土葬による墓地があるくらいです。

それに調べてみると、日本人の99・97％の人が火葬派だ、ということです。わかりやすくいえば1万人の葬儀で、わずか3人だけが土葬ということです。

この1万人の中の3人も、赤ちゃんだということで、乳児以外に人を土葬にするのは、死体を腐らせ、うじ虫を這《は》いまわらせることになり、それはできない、というのが日本民族の考え方です。

そこで焼却して、骨を地中に還《かえ》す、という考え方になったのでしょう。これに対して、欧米民族は「遺体を焼いたら、復活できない」というキリストの「死後の復活」を実践するためにも、土葬が主流となっているのでしょう。

フランスは特に伝統的にカトリック信者が多いため、火葬率は30%にすぎません。「キリストの復活」を忠実に守っています。

最近では日本人の中にもクリスチャンが増えたこと、あるいはスピリチュアルな考えの女性が増えたことで、ちょっぴりではありますが、土葬派も出てきたようです。

しかし天皇家では何千年の歴史の中で、現在の上皇陛下及び上皇后殿下は、400年ぶりという記録になりますが、火葬による葬儀となることが決まっています。

それというのも、天皇家の墓地を広げない、というお考えが基礎となっており、このお考えに賛同する人たちも含めて、日本ではさらに火葬が増えることが考えられます。

ただ問題なのは、火葬場が少ないことです。すでに現在でも、死者の多くが、3日から1週間程度、冷蔵庫に入れられているということで、葬儀が遅れています。

葬祭場そのものは、すでにホテルが衣替えしたりしているので、何とかなるのですが、それまで死者をどう保管するかが、心配です。

エンバーミングといって、死者を保存する技法があります。遺体に対して衛生的に保全する技術を扱う技術者、あるいは会社ですが、これからは、それらの方々のお世話になることも考えられます。死者もなかなか大変です。

百歳で生き方、死に方を語る
自信のない若者たち

一年のうち何月に死ぬか

日本人の場合、死亡数は冬に多く、夏に少ない傾向にあります。もう少し月別に分けると、11月〜翌年の3月までが多くなり、4月から10月が少ないようです。

ということは、現在の葬儀場を確保する困難さからすると、夏に死ぬことが求められるのでしょうか？　しかし一方では、死体を冷蔵しておくのも大変だ、という話も聞こえてきます。

そう考えると、一年のうち、いつ頃亡くなればいいのか、死を迎える病人や高齢者も困ることでしょう。

これまでは生も死も、すべては天の摂理《せつり》に任《まか》せておけばよかったのですが、なかなかそうはいかなくなってきたようです。とはいえ、葬祭業者はたくさんあるので、しっかりした業者を、少し早めに見つけておくほうが、いいかもしれません。

コロナが猛威《もうい》を振るっていた時期は、相当な混乱があり、「死者に会えないまま、骨になって渡された」というケースが、相当数起こったようです。

いまはその混乱も少しは収まっているでしょうが、それにしても、かつての葬儀のように、大勢の縁者が賑《にぎ》やかに死者をあの世に送り出す葬儀は、ほとんどなくなっているようです。

それというのも、まず家族や縁戚が少なくなったことで、葬儀を行ったとしても、親を送る子が一人しかいない、という寂しいものが増えてきています。

中には参列者がゼロ、というケースもあるようで、まさに死者は、一人であの世に旅立つことになります。

私はもともと寂しいのは嫌いなタイプなので、たぶん、大勢で賑やかに集まってもらうことになりそうです。

生前の葬儀を行ってもいいかな、とも思っていますが、これまで2回だけ、生前葬儀に出席したことがありますが、一見よさそうに見えても、なかなかむずかしいところもあります。

その1回は慣れないこともあって、感動的な催しになりませんでした。もう1回は、生前葬儀は行ったものの、すでに10年以上、ピンピン元気なのです。

これは医師の診断ミスで、こうなると、本当に亡くなったとき、きちんと葬儀を行わなくてはならないな、という声も聴こえてきます。それだけむずかしいのかもしれません。

ただこれからは、多くの人は、極楽や天国に行くことになるのではないでしょうか？

芥川龍之介の『蜘蛛《くも》の糸』のように、地獄の血の池から、糸にすがりついて昇ってくる男たちは、少なくなったような気がします。

私も多分、何とか極楽や天国に行かせてもらえるのではないか、と期待しています。

欲張りに生きていこう

人生のどの年齢をとって考えてみても、意外に皆さん、弱気だなと思います。若い頃は「自分に自信がない」という人が多いですし、中年になって、仕事を途中で何度も替える人も、少なくありません。

もちろん、人間の能力は生まれたときから決まっているわけではないので、途中で仕事を替えたり、人生行路を変更することが、悪いとはかぎりません。ただ、いまの年齢になってわかることは、若い人たちほど、自分に自信がない、という点です。

自信がないのと同時に、欲がない、ともいえそうです。どちらかというと、私の若い頃は欲張りでしたし、自信過剰といってもいいほどでした。それでも今になって、もっと欲張りになっていてよかったのだと、やや後悔気味です。

たとえば36歳頃の私は、自分の一生の中で、もっとも自信のあった時期でした。このとき「参議院議員の選挙に出るかね？」と、ときの重要人物から軽く打診を受けたのですが、私は「とんでもない」と、即座に断ってしまったのです。

しかしこれをあとで考えると、仮に落選したとしても、いい勉強になったし、もしかすると「当選の可能性はあったな」と思えるのです。つまり、もっと欲張りに生きるべきだったのです。

その後悔もあって私は後に、大和書房の役員だった岡村季子さんと組んで、82歳のときに会社を立ち上げたのでした。

それが、この本の出版元である「きずな出版」です。ふつうに考えたら、82歳で新会社を創立する人はいないでしょう。実際、私の友人のどなたかが「ギネスブック」に私を登録しようとしたらしく、ある日「ギネスブック」から英文と日本文で「残念ながら」という、知らせが届いたのです。

私は自分のこととは思わずに、それを読んだのですが、途中から「これは自分のことだ」と気がつき、真剣に読み返しましたが、世界中を探しても、80代で新会社を発足させる、という人は少ないようで「84歳で米国に1人、日本に1人いる」ということで、ギネス記録にはなりませんでした。

しかし私はギネス記録のために、会社を創立しようとしたわけではありません。というよりは、私は何歳になっても生きている（笑）のが、当たり前のように考えていたのです。

つまり、人生の最後の最後まで、新しい仕事を体験したい。仕事や会社を、それを継ぐ人たちのために残したい、という気持ちだったのです。

いや、過去形ではなく、いまからでも新しい仕事、新しい会社をつくりたいし、若くて優秀な後輩に遺したいのです。そのくらい欲張りのほうが、元気で長生きするのではないでしょうか？

「自分のために生きる」は捨てよう

多くの人は自分のために生きています。それは当然のことで「自分のためか、自分の家族のため」に、生きるはずです。

もちろん私も当然、そうなのですが、健康上から考えると「自分！　自分！」と連呼するより「何か他人のためになるように」と考えている人のほうが、長生きしているような気がしています。

なぜそんなことを考えるか、というと、私の習慣の一つに、新聞の死亡欄を毎日、見るクセがあり、有名人、あるいは企業経営者の死亡年齢を見るのですが、やはり一般庶民より長生きです。

これらの人たちは、もちろん自分のために生きていますが、それ以外の方のためにも生きていると思うのです。経営者は株主や社員のために、一日でも長く生きたいと思うでしょうし、タレントたちも、ファンのためにも元気な姿を一日も長く見せたい、と思っているのではないでしょうか？

私も小さい会社ですが、社員を一日も長く安心させたいと思っていますし、作家として愛読者には、私の本を読んで一日も長生きしていただきたいと、書きつづけています。

すると、ふしぎに頭もよく回転しますし、手も動きます。講演もできるし、座談会も何とかこなせます。

これらは、自分のためというより、私のファンや愛読者のために、私の持っている知識や考えを、できるだけ残したい、という発想から出ているものです。

もし私がこれらの活動を、一切やめてしまったら、多分頭も簡単にボケるでしょうし、第一、毎晩午前2時、3時まで書きつづけようとも思わないでしょう。

書きつづけるためには、それだけの知識、情報を入れなければなりませんし、それもただ仕入れるというより、自分なりの考え方で、まとめなければなりません。

私はよく周囲の方々から「どんな健康法をつづけているのか?」と聞かれます。

多分これらの方々が考えている健康法は、睡眠とか、食事、散歩、あるいはサプリメント類ではないか、と思うのです。そういう自分のためだけの発想では、もう私は、とっくにあの世行きだと思うのです。

少なくとも「この子を残して死ねない」とか「この子」が「父母」であったり「連れ合い」であったり「社員」であったりすれば、その思いは必ず叶うと思うのです。

考えてみましょう。高齢になって、自分だけのためにもっと長生きしたところで、面白いことなどないのではありませんか?

それこそ人間でなくても、愛犬、愛猫のために長生きしても、いいのではないでしょうか? 私だけでなく、どなたでも、この生き方を実践すれば、長生きだけでなく、楽しい生活になると思うのです。ぜひ実践してみてください。

「魔」を生活の中心に置く

私は何をやるにしても「魔」を中心に置きます。というと、悪く取る方もいるかもしれません。魔といえば、サンスクリット語では「殺すもの」という意味だそうですから。

しかしもう少し調べると「魔羅《マーラ》」の略語だそうです。魔羅にはさまざまな意味がありますが、男の性器でもあります。女性を刺す道具ですから、女性の心を惑《まど》わす、殺すものかもしれません。魔弾《まだん》の射手《しゃしゅ》でしょうか？

それはともかく、魔には異常性があります。つまり、異常性を生活の中心に置くと、長生きもできるし、人と異なる生き方ができるのです。

私は作家の三島由紀夫が死ぬまで、彼とつき合っていましたが、彼は時間に実に正確でした。正確魔といってもいいでしょう。この正確性を中心に置くと、時間だけでなく、文字も正確になります。三島さんの原稿は、正確そのものです。

これは一例にすぎませんが、作家の多くは収集魔です。資料のよし悪しが、作品に影響を及ぼすからです。

そんなむずかしいことでなく、コーヒー魔とかワイン魔だって、いるでしょう。誰でも一つや二つは魔的感覚をもっているはずです。それを大切にしているだけで、多くの人たちから、

「この男（女性）は、ふつうの人とは違う」

と、尊敬されることもあるのです。

私は「深夜魔」です。「短眠魔」といってもいいでしょう。同じ92歳の中では、恐らく1番といえると思います。

ふしぎなもので、同世代で1番になったら、そう簡単には死にません。精神の中で、その1番を喜んでいるのですから。

仮に収集魔だとしたら「次は何を集めよう」と思うだけで、若々しくなってしまう

はずです。平櫛田中《ひらぐしでんちゅう》という芸術家がいました。

「六十、七十は洟《はな》たれ小僧

男盛りは百から百から」

という言葉で有名ですが、この田中は100歳のとき、30年分の材料として、直径2メートルのクスノキ材を3本も購入しています。

異常な収集魔でした。ではその材料はムダになったでしょうか？　130歳まで制作をつづける気になっていたのですから、田中先生は、まさに私の精神上の先生です。

では実際、先生は何歳まで生きたのでしょうか？　107歳です！　その年まで材木を切ったり削ったりして、作品をつくっていたのです。まさに「収集」を生活の中心に置いた魔人といっていいでしょう。

私は原稿を400字詰と200字詰の用紙を使って書いていますが、木材と違い、そこまでいっぺんに集める必要はありません。でもまだ何年も書きつづけられるほどの量を、つくってあります。

自分の未来図を描いてみよう

いまから十数年前の私は、まだ外部から依頼される仕事に熱中していました。講演で遠い都市まで足を延ばし、テレビ出演も月に一度は、こなしていたでしょう。

それから丁度10年前になると、きずな出版を立ち上げる時期になったのですが、いまからかえりみると、10年前、10年後という「10年」の年月は、思いがけない自分を生み出すものです。

私の10年後といえば、１０２歳です。

この１０２歳に、一体、自分はどうなっているのか？　望月俊孝さんは絵による未来図「宝地図」を教えていますが、このとき「こうなりたい」という書き方ではなく、

1 こうなる！　夢を描く

2 こうなった！　その現場。夢の実現図

3 最終人生から過去を眺める。自分が考える最高齢から

こういう書き方をしてみるといい、と話しています。ところが、これが意外にむずかしいものです。というのも、人間は一人で生きているわけではないからです。

それこそウクライナの国民の10年後の夢地図は、誰一人として当たっていません。それはロシア人にしても同じでしょう。しかし、だからといって未来がないわけではありません。

占星術師のノストラダムスは、地球外から「大魔神がやってくる」と考えました。作家の小松左京は「日本が沈没する」と信じたのです。

私は102歳になった自分の姿を「舞台上」に見ています。

2019年、88歳のときに、私は『劇場化社会─誰もが主役になれる時代で頭角を現す方法』という一冊を書いています。丁度4年前のときです。

わずか4年前ですが、すでにこういう状況になっています。この舞台とは、芝居の舞台ではありません。話す舞台、教える舞台といっていいでしょう。一人ひとりが自分の舞台に立つ社会、といってもいいかもしれません。

私は自分の書斎で、数人を前に語っている自分の姿を想像しています。それでも舞台なのです。

恐らく100歳を前にして「生き方」「死に方」を語る人は、それほど多くないでしょう。いや、ほとんどいないでしょう。これは収入を前提にしたものではありません。人によっては収益を得てもかまいません。むしろそのほうが元気になるでしょう。いずれにせよ、自分という人間が100年間、どう生きてきたかを、数名、数十名でいいから、聴いていただくのです。

これによって最終的に生を閉じることになれば、一人の人間が生きた証しになるのではないでしょうか？　ぜひ皆さん方お一人お一人にも、実行していただきたいと思うのです。

第3章

長生きは見た目が9割

ひげ老人になりたくない！

私はひげを生やすのが、あまり好きではありません。特に年とってから生やすのは「もう人生の終わり」という考えを、自分から示しているようで、私には似合わないと思っています。

もともと男がひげを生やすのは、どういう意味があるのでしょうか？　これにはさまざまな説があるので、定説はないようです。

「人間は百獣の王である」ということで、ライオンを凌《しの》ぐという意味から、生やし始めたという話を聞いたことがあります。

私の専門の女性学でいうと――

1「私の夫は偉い」というところを見せるため、女性からあごひげを求める

2「私の夫は強い」というところを示すため、特に鼻ひげを求める

3「私の選んだ彼は性的に強い」と誇るため、特に口まわりにひげを生やさせる

4「私の彼はかっこいい」と見せびらかしたいので、おしゃれひげを生やさせる

この四つの理由があるようです。だから、あごひげは白くなっても、むしろ「長《おさ》ひげ」といって、よろこばれたのでしょう。

また中でも、3番目の理由には性的な意味が強いようです。

口まわりのひげとは、男性の性器と陰毛を表しています。

つまり顔を見ているだけで、女性は性的欲望が盛り上がってくるのです。陰毛から舌が出てくる、つまりペニスが伸びてくるような、錯覚を持つのです。だからキスをするときに、もじゃもじゃの口まわりのひげに興奮するのでしょう。

人間は一見すると、頭脳タイプに見えますが、実は性的動物なのです。女性にモテる男性は、そのことをよく知っています。特に中年女性とつき合うときは、このひげの効能は抜群です。

また近頃は、なぜか定年後の男性は、あごひげや無精ひげを生やしています。ここで同じくらいの年頃で、現役の経営者の顔を見てみましょう。

現役組の多くは、ひげを生やしていないのではないでしょうか？　つまりこれらの男たちは、あごひげによる象徴的な長ではなく、むしろひげを生やさない現役の長であることを、すべての人たちに知らせている、ということなのです。

私も恐らく１００歳になっても、ひげは生やさないでしょう。自分の実力で社会をリードしていることを示すため、ひげには頼りたくないのです。

長いあごひげで威厳を示しても、口をあけたら歯がない、というお年寄りにはなりたくないからです。

もしひげを生やしたいのなら、１００歳でも、口まわりのひげにしてはどうでしょうか？　自分から「もう力がない、死ぬのを待つだけ」の白ひげ老人にはならないことです。

ヒゲは嫌いだ！
人生の終わりだ！
二十歳下でヒゲはやしてる漫画家

10年単位で人生を区切っていく

私は90歳をすぎた頃から、

「次は100歳ですね！」

といわれてきています。数字からいえば、90の次は91であり、100歳に届くのは10年先です。

また、

「いやあ、50歳おめでとうございます。次は60歳ですね」

こんなことをいわれる人は、まずいないでしょう。「早く会社を辞めろ」といわんばかりの台詞《せりふ》だからです。ところが60歳あたりから、10年単位になっていくのです。

それは60歳が定年時期でありながら、70歳までは働きたい、という欲望の表れではないか、と思うのです。

「還暦《かんれき》おめでとうございます。70歳の古希《こき》まで、10年間は元気で働きましょう」

こういわれた人はいませんか？　たぶんいると思います。

また古希の70歳になると、

「70歳おめでとうございます。80歳の傘寿《さんじゅ》までは元気で生きていきましょう」

と、ここでも10年単位、10年刻《きざ》みになります。ここで働くという言葉が、初めて出てこなくなります。そしてここから出てくるのが、病気です。

「この10年間は、ベッドにくくりつけられずに、歩いて生活したいものですね」

歩けなくなるだけでなく、頭脳も鈍くなり、認知症を本格的に、心配しなくてはならなくなります。

面白いのは、80歳になったときのお祝いの言葉です。ここで初めて無条件で「10年」という表現が出なくなります。

「この元気なら、90歳まで大丈夫ですよ」

つまり「元気なら」という、条件がつくのです。１００歳を目指す90歳になった

ときには、

「うらやましいですねえ。この分では120歳ですね！」

と、いっぺんに30歳も飛んでしまうのです。現在の私がこれです。もう誰も、本気で「うらやましい」と思っていないのかもしれません。

それは当然で、ほとんどの人が、自分のからだや頭脳の調子から「そこまで生きても仕方がない」と思っているからです。

とはいえ、このところの世界の国々の健康度、特に日本人の生き方を見ていくと、100歳社会はもう間近です。いやだといっても、日本は100歳社会になるのです。元気な人はより元気になり、病気を持つ人は、より病弱になっていくのです。そうだとしたら、元気な人は80歳、90歳になっても、異性とつき合っていくべきです。

これまでの常識で「何歳になったらダメ」と、勝手に思い込まないことです。この辺で高齢者の常識を捨てましょう。100歳になってから結婚してもいいし、たぶん、間違いなく、そういう夫婦が出てくることでしょう。

僧侶には、なぜ長命が多いか？

1980〜82年の国勢調査を見ると、平均寿命が長い職業の第1位は、僧侶（宗教家）になっています。お隣の韓国でも1963から2010年まで、僧侶の平均寿命がいちばん長かったそうですが、この理由もわかっています。

昔からいわれているように、

1 調息《ちょうそく》―呼吸の整え方と読経

2 光と闇―太陽を浴び、暗い部屋の睡眠

3 節度を保った食事

4 立つ、座る、歩く脚力

5 世間的悩みのない生活

　この5つの生き方は、お坊さんしか持っていません。中でも僧侶しか持てない生活は、5の「世間的悩みのない生活」です。それ以外の4点は、一般人でもできますし、近頃はどの健康本にも出ています。またテレビ番組でもふえています。

　問題は「世間的悩みを持たない生活」です。これだけは、世間の人間が捨て去ることのできない悩み、煩悩《ぼんのう》です。

　だからこそ、一年の最後の大晦日に、108の煩悩を捨て去るために「除夜の鐘」を108回突くのです。この108の煩悩とは「眼《げん》、耳《に》、鼻《び》、舌《ぜつ》、身《しん》、それに意《い》」を加えて6つ。これら心の感覚の受けとり方が「好（良）、悪、平（普通）」の三つ。

　それに「浄（きれい）、染（きたない）」の二つに分類すると「6×3×2＝36」となります。それにこの営《いとな》みが「今世、前生、来生」の三つの時間軸に分けられるところから、それを合計して「36×3＝108」、つまり108の煩悩になるわけです。

　僧侶という立場は、一年を通して、これら108の悩みを持たないので、長生きになるのは当然、ということになるのでしょう。

中でも高僧は、これらの煩悩を早くから、きれいに手放しているだけに、一般のお坊さんより長命になるのは、必然といえるでしょう。

私の調査では高僧につづいて、有名な絵画き（画家）が長生きでした。ピカソは91歳まで、日本でも葛飾北斎は、88歳まで長生きしています。

一般町人は40代の短命時代でしたから、その長命は群を抜いていました。それだけ平和であり、高僧と同じように、金の悩みも何もなかったのでしょうか？

現代のハーバード大学の研究では「経済的困窮と愛する人の死」にストレスを感じる人ほど短命だ、という結果が出ているそうです。

この二つにストレスを感じるのは自然ですが、中でも愛する人の死に衝撃を受けるのは、当然でしょう。それだけに経文を唱える大切さがここで浮かび上がってきます。

また経済的困窮は、若いうちは仕方ないとして、中年以降はできるだけ困らないように、働いたりして工夫しなければなりません。長命はただ栄養のあるものをとったり、毎日散歩すればいい、というほど、単純ではないようです。

老いた姿はなるべく見せない

１００歳まで生きたい、あるいは長生きしたいと思っている人は、何か目的を持っている気がします。いわゆる「key to long life（長寿命の鍵）」です。

これは有名な話ですが、長生きできる人は、それなりに自分の目的・目標を持っているようです。

私は１９３１年、昭和6年生まれですが、『昭和史１００年の女性史』を書きたい、と心に大きな目標を持っています。昭和史１００年を書くからには、少なくともあと2年は生きなければなりません。いや書く年月を加えると、3～4年必要です。

明治１００年は１９６８（昭和43）年でした。昭和１００年は２０２５（令和7）年になります。

明治100年が東洋での興隆《こうりゅう》の一世紀であったのに対し、昭和100年は世界に飛躍《ひやく》の一世紀だった、といえるかもしれません。

もちろん、ただ単に飛躍したわけではなく、君主国家から民主主義国家に変わったわけですが、その辺のところも含めて、私なりの日本女性を中心にした100年史を書いてみたいと、考えています。

すると不思議なことに、自分のからだがなかなか老いません。「手足が丈夫」というだけでなく、歴史を書くのに大切な、頭脳や記憶の回転が、若い頃とそれほど変わらないような気がするのです。

昔の高齢の男性たちは、悪魔払いを考えていたからでしょうか、あごひげを蓄《たくわ》えていました。これによって悪魔に「私はこの村（組織）の長だから、気をつけろよ」と、注意を与えていました。

悪魔のほうも「わかりました。お大事に！」と、トップと思われる男性には、魔を近づけないようにしていたのでしょう。

宗教家、軍人、村の長、芸術家などは、その意味もあって、神と魔的なものに「自分が誰かわかりやすいように」特別なひげを考案し、蓄えていたといわれます。

これは日本人だけではなく、世界中の有名男性たちは、ひげを蓄え、強さを表に現していました。悪魔払いは、世界共通だったと思われます。

それだけ「長く生きたい」と強く思ったのでしょう。それは当然で、20世紀の初頭まではどの国の人間も、生まれて40年ほどで死ぬことが、ふつうだったからです。

その中で白髪、白髯《はくぜん》の老人がいたら、誰からも敬《うやま》われたに違いありません。そこで若くても白髯の男は、多くの人から敬われたのです。

しかし現在は、その人の仕事の質と量で、敬われる時代です。悪魔払いなどしなくても、健康で仕事をしていれば、そこそこ長生きできるのです。

それに大きな目標を持っていれば、さらに長生きできるでしょう。私はそんな考えで、むしろ老いた姿は、絶対見せないようにしています。

空気を揺らすと悪魔が侵入する

社会的に上位の人ほど、長生きする人が多い気がします。またいろいろな会合に出ても「これは上位の人だな」と、直観でわかる人がいます。

それは安定感があるからです。たとえば「どうぞこちらへ」と、上座に案内されても、動ずる気配もなく座ります。私はそういう人を見ると、この人は長生きするな、と思ってしまうのです。

長生きするような人は、自分の周りの空気を乱すようなことはしません。丁度、茶席で茶の点《た》つのを待っているような姿勢です。

空気が動かないということは、息の遣い方が平静なのでしょう。では半分眠っているかといえば、そんなことはありません。いわば剣の名人が、ゆったりと座っているような感じでしょうか？

私は22歳で出版社に入り、作家担当になりました。それこそ「昭和文学全集」に入っているような有名作家、文学者と日々会っていたことになりますが、それらの方々の多くは、茶道を修《おさ》めているからか、正座していても、姿が崩《くず》れません。

部屋の空気が、ほとんど動かないのです。こうなると私も息を詰めて、先生の話を伺うことになるのですが、ある先生から、

「悪魔は空気の乱れに乗って、部屋に侵入するのだよ」

と、聞かされたことがあります。

「だから悪魔を部屋に入れたら、死が近づくことになるのだ」

その先生は推理探偵小説の先生でしたが、相当な長命であったように記憶しています。

秋冬の夕方4～5時は、部屋の中が薄暗くなる時刻です。こんなとき廊下のカーテンが風で揺れることがあります。あるいは障子のすき間から悪魔が忍び寄ることもあるのです。

先生は「悪魔というと、大きなからだをした凶々《まがまが》しい物体と思うかもしれないが、一陣の風がからだを冷やして通りすぎるのも、魔風《まかぜ》というんだよ」と教えてくれたものでした。

それによって重い病気になることもあり、だから魔的な存在なのだ、と話していただいたこともあります。

先生のいうには「なるべく生活空間の空気を動かさないほうがいい。病気とか怪我などは、空気が動くことによって起こることもある」ということでした。

また先生のいうには「悪魔はお線香の匂いに弱い。それだけでなく、人間がイヤな匂いだと思う香りに強い」というのです。

だから腐ったような匂いがすると、近寄ってくるというのです。これらを教えてくださったのは、悪魔もので有名な横溝正史《よこみぞせいし》先生でしたが、「私たちの体は、死と非常に近い存在なのだ」ということを、若い私に教えてくれたのだと思うのです。

家の中の灯りを増やそう

わが家は一般の家庭の中では、明るいほうかもしれません。家の中のあちこちに、電灯があり、夜遅くまで、こうこうと輝いています。

いまは消費電力を減らすため、遠慮していますが、この習慣は私が若い頃に、歴史時代小説の担当だったから、といえそうです。その頃、徳川幕府の大臣というべき老《ろう》中《じゅう》部屋を調べていたのですが、江戸城の中で、この老中部屋ほど明るい場所はない、と知ったのです。

その理由は老齢で深夜まで執務がつづくため、目を痛めないように、百目《ひやくめ》ろうそくや灯油を、ふんだんに使い、どの部屋よりも明るくしていた、というのです。

それだけではありません。遠くの廊下から見ても、老中は仕事を深夜までやっていると、城中に知らせていたのです。

それが老中の寿命を大きく延ばしたようで、大名は大勢いますが、その中から選ばれて老中になった大名ほど、長生きだったというのです。

私は『徳川家康』（文庫版、全26巻）という大長篇小説を書いた、山岡荘八《やまおかそうはち》先生からこの話を聞き、いつの間にか、自分の書斎だけは特別な明るさにしてきました。そして今は階段なども明るくしていますが、私の元気さは、この照明の輝きによるところも大きい、と考えています。

また悪魔は明るさを嫌うだけに、その意味からも悪くない気がしています。さらに健康上から考えても、夜間早くから部屋や廊下を暗くしてしまうと、身体も頭脳も動きが鈍くなります。

これまでの健康法は「夜早く寝る」というものでしたが、この方法だと90歳、100歳まで元気で生きていられません。70代にはベッドに寝つく体質になりそうです。おかしな表現かもしれませんが、なるべくベッドや寝床を好きにならない体質にすべきだと思うのです。

医師の多くは「夜は早く寝ましょうね」といいますが、これが、からだを横たえる体質にしてしまうのではないでしょうか？

むしろなるべく横にならない生活を、長くつづけるべきだと思うのです。なぜなら人間は二足歩行動物であり、立つ、歩く生活が習慣になっているからです。

また横になったら、からだを休ませるだけでなく、頭脳も会話も休ませてしまいます。これだと、ラクにしすぎではないでしょうか？

私は早く寝るのはいいと思うのですが、その前後には、頭脳や会話、あるいは散歩にスマホなど、あらゆるものを使って、若さを蓄えることが大切なのではないか、と思うのです。

からだの器官を休ませるより、できるだけ長く働かせるほうが、長生きできると思います。もっと電灯の下で、頭と目と耳と手を、フル回転したらどうでしょうか？

少なくとも私のように、90代になっても仕事をつづけられると思うのです。

昔の人々は、からだを使う仕事ばかりだったのです。いまはそんなに身体を休ませるほどの動きをしていないのではありませんか？

第4章

50歳から100歳までの生き方

50代、60代は能力あふれる時代

いまこの年になって振り返ると、50～60代が、自分の持っている能力を、フルに発揮できた時代のように思われます。

50歳になった頃から、自分自身を総合的に観察できるようになったからです。

私の著作の中に『老後の運命は54歳で決まる!』（きずな出版）という一冊がありますが、50歳から54歳までのうちに、自分の高齢人生を決めないと、将来が非常に苦しくなる、と思ったのです。

それというのも、平均寿命が当時、80歳に近づいており、大学同期生の間で、最低でも85歳までは生活できる人生図を描いておかないと、「食えなくなる」恐れがある、というのです。

平均寿命というのは、その通りになるというのではなく、80歳であれば、75歳から85歳までの人生を指すものだからです。

そこで仲間うちでは、会社を退職しないで、できるだけ長く勤務できる仕事に移ったり、大学の講師をできるだけ長くつづけたり、翻訳をしたり、家庭教師をするなど、1歳でも長く生活費を稼げるよう準備を始めたものでした。

そのためには、当時の退職時期をなるべく引き延ばすか、自分で新しい仕事を見つけるか、再スタートしようという話になっていったのです。

たまたま私の場合は幸運にも、松本清張先生から、

「55歳で会社を辞めて、本を書きはじめなさい」

と、アドバイスを受けたのです。先生は46歳で新聞社を辞めて、独立しています。

これが私の運命を大きく転換させた一言でした。

この年代は誰にとっても、能力のあふれ出る時代です。実力もついていますし、人脈も最高でしょう。

資金的にいっても、ビジネスマンであれば、貯金もある程度、備わってくる年齢で

す。銀行からも少しは借り入れられます。

たとえそれらがなくても、得意なテーマ、得意な技を持っているでしょう。このときを逃がすと、以後の人生が狭く暗くなる危険性があります。

勝負はまさにこの時期です。

❶ まず自分は、何歳まで働かなければならないか？
どのくらい収入を必要とするか？
❷ 自分の体力を直視すると、何歳くらいまで働いていられるか？
❸ 自分には、どういう特技があるか？
❹ 自分を必要とする人、あるいは家族は何人いるか？
❺ 家族の年齢を考えると、何歳でどのくらいの収入が必要か？
❻ もっとも大きな金額が必要な年は何歳か？

これらをしっかり考えるべきです。

百歳以上
七二歳の漫画家
五十歳

これらを総合すると、

A 定年まで会社に在籍する

B 何歳で退職し、新しい仕事につくべきか

この決心がつくのではないでしょうか？

繰り返しますが、50歳から60歳までの10年間ほどがピークとなり、50代〜60代の約20年間が、能力の高原状態（プラトー現象）がつづくと、私は信じています。

70代は現役最後のチャンス

恐らく男性でも女性でもほとんどの人が、この年代が自分自身の力で、小さなチャンスをつかめる最後の10年と思っているのではないでしょうか？

もちろん中には50〜60歳の10年が、ラストチャンスの人もいるでしょうし、80歳以上でもチャンスは何回も訪れる、と思っている人もいるでしょう。

しかし世間一般、社会全体の風潮とすれば、この辺を最後、と考えておかないと、逆に失敗しないともかぎりません。いや、この10年までチャンスの残っている人は、幸運中の幸運というべきでしょう。

とはいえ、現在の社会状況からすると、ここでベッド生活に入ったのでは、これ以後は苦しくなる危険性があります。

ではこの10年を最後のチャンスとするには、どうしたらいいのでしょうか？

自分の才能、能力、あるいは人脈や資金を、１００パーセント使うことです！

そのために、50代の10年があったのです。

私は55歳で独立しましたが、実は何のあてもなければ、手蔓《てづる》もありませんでした。

それでいて、いま独立しなければ、これからの自分が危ない、と考えたのです。

それだけに会社のほうでは「何も辞める必要はないのではないか」と、むしろ役員定年の70歳近くまで、会社に在籍することをすすめてくれたのです。

しかし私の頭の中では「清張先生がすすめてくれるのだから、男一匹勝負すべきではないか？」という考えのほうが勝《まさ》っていたのです。私の一生で、ここが一番の考えどころでした。

仮に私が70歳まで会社のお世話になっていたら、今頃はあの世行きでしょう。なぜなら、頭もからだもそれほど使わない生活ですから、衰える一方だからです。

退職金を細々と使って、いかに貯金と健康を長く保つか、を考えての一生だったと思うのです。

まだあの世に行っていなくても、ベッド上の生活かもしれません。独立してからの獅子奮迅《ししふんじん》の戦いと比べると、遊んでいるような生き方になっていたでしょうから。

社会人生活最後の10年を、グズグズ、ダラダラすごしていたら、頭の中も、からだの中も空っぽになっていたでしょうし、脚力もまったく衰えていたかもしれません。

それにこの10年を、自分の個人的な力なしですごしたとしたら、次の80代は家の中で老人暮らしをすることになり、生活は何とか成り立っても、何となくつまらない人生になりかねません。

前半生で、30〜40歳が最重要の10年とすれば、後半生の最重要の10年は60〜70歳だと、私は思っています。男性でも平均的にこの年代は、元気でいる10年なのですから、ここでガクッと落ちてしまったら、つまらない人生になりかねません。

特に男性はチャンスを逃がさないよう、勝負に出ようではありませんか！

80代でボケない生活のヒント

人生100年時代になると、ほとんどの人は80代くらいで、少しぼんやりした時代に入ります。それも「惚《ぼ》ける、耄《ぼ》ける、呆《ぼ》ける」の3種類のぼんやり時代です。

年齢的にいえば、当然といえそうです。とはいえ、一時代前ならこの生き方でもいいでしょうが、100年代となると、このぼけ状態では先が長すぎます。2022年の平均寿命はまだ、男性81・47歳、女性87・57歳ですが、これを目標に生きるのでは、特に大都会に住む人々にとっては、むずかしいでしょう。

これからは都会に住む高齢者と、地方在住の高齢者とでは、生き方に大きな違いが出てきます。

大都会に住む高齢者には、地方在住の高齢者より危険が多いだけに、ボケはなるべく遅くしたいものです。それこそ一歩外に出るだけでも、危険が渦を巻いているのですから。

私はこれまで高度な健康をあとまわしにして、ボケない生活を最優先してきました。それがいいかどうかはわかりません。医師にいわせたら「とんでもない愚か者」なのかもしれませんが「肉を食べたらいい」とか、「一日何キロ歩け」という医師は、できるだけ避けてきました。

私の主治医は心臓専門医ですが、私の生き方を絶賛してくれます。

高齢まで元気に生きるには――

❶ 心臓が動いていればいい

❷ 笑顔で話せればいい

この2点さえあればいい、というのです。

2カ月に一度くらい、顔を見せに行きますが、私のしゃべる笑顔を見るだけで、医師は、「どうすれば、櫻井さんのように元気でいられるのか、教えてください」と、反対に、私の日常を真剣に聴くのです。

医師とすれば、自分の脚で歩き、面白い話をしゃべる患者であれば、92歳で模範的なのです。つまり惚けてもいないし、耄けてもいないし、呆けてもいないからです。

これまで私は何人もの医師の診断を受けてきましたが、帰りには、何種類もの薬の処方箋を渡されるのが常でした。しかし高齢者の中には、これが逆効果で、食欲がなくなってしまうこともあるのです。

私は食いしん坊のせいか、いまでも夜の12時に、4回目の軽い夜食を摂ります。もちろんそれが消化するまで、起きて仕事をしていますが、70~80歳ともなると、薬漬けにされるよりお茶漬けを食べたほうが、元気になるのではないでしょうか？

一人で長時間寝るようでは、私は「3ボケ」すると思います。高齢になればなるほど「食べる、しゃべる、笑う」生活が大事になるのではないでしょうか？

深夜でもしゃべって笑っていたら、頭の「3ボケ」は、相当防げると、私は自分の経験から信じています。

90代は「楽しい老後」をすごそう

ここまで元気で来たら、１００歳までの10年間は、少しでもゆっくり、のんびりした楽しい時間を持とうではありませんか？

さすがにこの年齢ともなると、記憶力が衰えてきても仕方ありません。それも認知症の物忘れではなく、加齢によるものでしたら、堂々と笑っていればいいのです。

認知症の初期症状であれば「友人との約束を忘れる」「食事をしたことを忘れる」「自分がいる場所を忘れる」など、なかなかきびしいものがありますが、高齢による物忘れは「とっさに人の名前が出てこない」「眼鏡のしまい場所を忘れる」など、誰にもありそうなものです。

私は92歳で、こうやって自分で原稿を書いていますし、内容をよりよくするために、調べものをしていますので「まだ安全かな？」と、自分自身で観察しています。

この年代になると、一人ひとりの楽しみは、大きく違ってくるでしょう。ただし、絶対してはならないことは、男と女のネット遊びで、特に独身の高齢男女は注意しなければなりません。

うっかり「いいね」を押したことで、怪《あや》しげな交際に引きずり込まれたり、中には家にまで人が押しかけてくることもあるようです。

それだけではなく、大金を欺《だま》し取られる人もいます。スマホは高齢になっても、現在では必需品となっており、手放すことはできなくなっています。

それだけに、見知らぬ人とは通信しないことです。

またお金を下ろしに行くときも、ＡＴＭではなく店舗に行きましょう。店舗には係員がいるので安心ですが、ＡＴＭには係員はいません。そこにつけ込む怪しい人たちもいますので、一人では行かないことです。

せっかく楽しくすごせる世代なのですから、ぜひ気をつけてほしいものです。

私のまわりにはそれぞれの専門アドバイザーが、何人もいます。あなたもそれらの専門グループに属することで、さまざまな勉強や遊びを楽しむことができます。俳句の会などは一般的ですが、好きな方には楽しい時間です。

80歳以上でも軽いスポーツなら、まだやれるでしょう。90歳すぎてゴルフを楽しんでいる人もいます。

ただし長距離ドライブだけはやめたほうがいいでしょう。私は80歳で免許証を返却しましたが、自分としてはいい決断だったと思います。そのときの私自身は、まだ4〜5年はドライブできると、腕に自信を持っていましたが、万一のことを考えると、人生を失ってしまいます。

そうなっては、一生を何のために生きてきたのかわかりません。自分だけでなく、家族や社員に大きな迷惑をかけることになります。

楽しい老後が一転して、刑務所生活になるのでは、残念どころか最悪です。考えどころではないでしょうか。

100歳が見えてきたら歴史を意識する

私自身、92歳の今日までほとんど病気らしい病気もせずに、元気に働いてこられたことに、強い自信と誇りを持っています。

それも22歳に社会人になってから週刊誌編集長という、もっとも激務の仕事を長くつづけてきたのです。満足に寝られた日のほうが、少なかったでしょう。いま現在でも、その習慣が身についてしまい、寝るのは午前2時から3時頃です。

それまでの時間はブログ、メルマガ、YouTube、Clubhouse、さらには雑誌連載、単行本の原稿と、それこそ眠る時間のないほど働いています。

なぜそんなに働いているのか、借金を返しつづけるためにに書きつづけているのかと、私に質問する方もいます。私自身の考え方からすると「これこそ元気でいる生き方だ！」と、胸を張って話すのです。

多くの医師たちは「毎日の栄養が大切だ、睡眠と散歩も大事だ」と、アドバイスしてくれますが、私は自分の歴史をつづけることこそ、長生きする秘訣、と考えています。

自分の人生に誇りを持ち、自分自身の歴史をつくっていく――そのためには、何歳になっても毎日しっかり食べて、じっくり働いていく。

睡眠は一日のスケジュールを終えた時点で取ればいいし、食事も深夜まで書きつづけて空腹になったら、家族との食事ではなく、一種の「仕事食」として、食べればいい。

こうしていくと、何歳になっても、仕事優先の生活がつづくことになります。

「自分にはそんなに仕事はありません」という方もいるでしょう。そのときは遊びでも趣味でも何でもいいですから、生きた証《あかし》として、何かをつくりつづけることをおすすめします。

女性であれば、毎日の献立表をつくっていけば、とてもすばらしい「おばあちゃまの歴史」になります。

ともかく、90歳を超えたというだけでも、その家の歴史になります。恐らくこれまでのご先祖には、これほどの高齢者はいなかったのではありませんか？

もし１００歳まで生きたら、それこそ、いろいろなところからお祝いが頂けるはずです。別にそれを期待して生きるわけではありませんが、生きた証として、それらが残るのは、悪い気持ちではないと思います。

１００歳という年齢は、誰でも到達できるゴールではありません。それも自分の二本の脚で立てて、歩けるとなれば、本当にごく少数でしょう。

さらに話ができて文字が書けるとなれば、家の歴史だけでなく、町や村の歴史に残ります。因みにわが家系の最長寿者は、母親の93歳でしたが、私のすぐ上の姉が私より3歳上で、記録を更新中です。

私も負けじと１００歳を目標にしていますが、もしかしたら届くのではないか、と自信をもっています。歴史をつくるのは、とても楽しいものです。

いくつになっても、男であり、女であれ

私はこの歳になっても「男」だと思っています。極論するならば、男性たちと一緒にいるより、女性と一緒に話しているほうが、楽しいのです。

多分、この年齢でそんな男は私一人だと思います。90歳をすぎれば、もうからだのすべてが中性化、いや鈍化《どんか》して、自分も女性に近寄らず、もちろん女性も近づいてくれません。

ところが私はまだ、自分に男が残っている、と思っています。ではほかの男たちと、どこが違っているのでしょうか？　その答えは簡単です。

ほかの男たちは、男でなくなったとたんに、女性のことを考えなくなるのです。いや、女性のことを考えないから、男でなくなってしまうのでしょう。

その点私は、１００歳を超えても女性のことを考えつづけるでしょうし、どうすれば特に高齢女性が幸せになるかを、考えつづけることでしょう。

どんな人間でも、興味のなくなった存在のことを考えつづける人はいません。それは人間として当然のことでしょう。それでも夫婦であれば、妻のことは思いつづけるし、父と娘であれば、互いに相手の将来のことを心配するはずです。

しかしそういう近い関係以外の多くの人のことは、考えませんし、多分考えられないでしょう。

ところが女性専門家の私は、90歳になろうが、１００歳を超えようが、女性は誰でも何歳でも、私の友人であり、親戚であり、恋人です。

するとどうでしょう！　何歳になっても中性化しないのです。ここが大事なところで、中性化しなければ、生きつづけていけるのです。いや、生きつづけたいと、勝手に思っていられるのです。

これは女性でも同じだと思うのです。いや、女性のほうが男性より、女である年月が長いでしょう。

江戸町奉行だった大岡越前守は、ある裁判で悩み、母親に「女性はいつまで性欲があるのか?」と訊《き》いたことがあります。

このとき母親は無言で、火鉢の灰を火箸で動かした、といわれます。このとき大岡は「女は灰になる（死ぬ）まで女なのよ」という母の教えを知ったのです。

私も幸田文《こうだあや》という女性作家から、似たような教えを受けたことがあります。私が31歳で「女性自身」編集長になることで、先生の担当を外れることになったとき、58歳の先生は笑いながら「最後にお風呂に一緒に入ろうか」と、驚くような誘いをしたのです。

このとき先生は私に「女性は何歳になっても女なのよ」と教えてくださったと思うのです。先生はのちに芸術院会員になったほどの大作家です。明治の文豪、幸田露伴《ろはん》の娘ですが、私を一人前の女性誌編集長に育ててくださったのです。

その恩義に報《むく》いるためにも、死ぬまで私は、女性のプラスに少しでもなれるよう、生き抜かなくてはなりません。

第5章 82歳からが本番の人生

Do the move!
さあ、やるぞ！

「１００歳まで働く」と、本気で書いても、恐らくこの本の読者のほとんどが信じてくれないと思います。それというのも、誰でも、自分の年齢と衰えを考えれば、そんなことができるはずがないからです。

いやご自分はまだ元気でいても、高齢の父母の毎日の姿を見ていたら、１００歳どころか70歳のうちに、半分寝たままの状態になってしまうでしょう。

70代、80代、90代でも、働けるうちは働いたほうが、体のためにもいいし、頭脳も活発化し、なおそのうえに、いくらかの収入が増えることになります。

つまり「若い頃は働き、高齢化したらのんびりする」という考え方そのものを捨てないかぎり、その生き方は実現しないのです。

それは政府の無策から、そのような社会になったのではなく、日本全体、地球全体が、その方向に向かっているのでしょう。

私は100歳まで働くつもりですが、地政学的にソンな位置にある日本列島で暮らすには、その考えのほうが正しいのではないか、と思うのです。

仮に中国や北朝鮮との間に戦いが起こったら、私は歩いて逃げられるかもしれません。戦争にかぎらず、大地震でも大火災でも、自分の身の始末は、自分でつけるのが正しい生き方だ、と信じているからです。

「100歳にもなって、まだ生き延びたいのか？」

といわれそうですが、医者も看護師も家族も逃げた病院のベッドで、ひとり寂しく死ぬよりは、私自身、歩いてでも逃げられるほうが、ありがたいと思えるのです。

そんな危険な状況は別としても、何歳になろうが「さあ、もう少しやるぞ！」と、働けるようなら、最高の幸せではないでしょうか？

ともかく私は、何歳であっても、あまり早くからベッドで生活したくないのです。

もちろん人によって「高齢」の考え方はさまざまですが、とりあえず私は、100

歳を仕事仕舞《じま》いの年と考えています。

それが実現すれば「私自身の一生は幸せだった」と、満足して死ねますし、それより前に寝たきりになったり、頭が利《き》かなくなれば、「満足半分の一生だった」ということになるでしょう。

では100歳まで何で働くのか？　当然、ネットです。これからの時代は足を使わなくても、頭と手さえ使えれば、収入になります。すでに今の子どもは、10歳くらいになれば、YouTubeを使いこなしています。

いま現在、忙しい現代人は一日に2600回、スマホにタッチする生活をしています。つまりそれだけ大勢の客がいる、ということです。

仮に「おじいちゃんと孫息子」「おばあちゃんと孫娘」のコンビを組んで、YouTubeに出たら、少しでも収入の入るYouTuberになれるかもしれません。もちろん、それ以外にも、ネット上で品物を売ることもできます。

100年前の品物だったら何でも売れるでしょう。私は天ぷらを揚げるのが得意なので、「100歳天ぷら」を売りたいと狙《ねら》っています。まさに「Do the move!」です。

92歳
YOUTUBER
SAKURAI
YEA!
わっ

100歳でも隠れた才能がある

私はときどき、人を驚かすことがあります。誰でも一つや二つは、隠された余技があるものですが、私には「軍歌」が歌えるのです。

いまどき軍歌が歌えて何になるか！　といわれそうですが、それでも——

1 暗記力
2 かつての日本国の歴史
3 遺族の慰め
4 文章と語彙《ごい》

この四つの点で、非常に喜ばれるのです。

いま現在、90歳の男性だったら、軍歌を歌った経験の持ち主ですから、それは喜ばれる財産になるでしょう。

それに軍歌といっても、太平洋戦争に限りません。日清、日露戦争の歌もあるのです。これらはときに美文調《びぶん》、漢文調の歌詞であって、孫たちに国語力を示すだけでなく、日本の戦いの歴史、有名政治家や軍人なども含めて、教養や暗記力を見せることになるかもしれません。

私はこの隠れた力を、子どもや孫たちに見せることは、非常に大事だと思っています。多くの父や母、祖父母たちは、どちらかというと、子や孫にバカにされているのではないでしょうか?

それは家の中で、いつも弱さだけ見せているからでしょう。

力を示すことができないからです。だから下手をすると、家族から「早く死んでくれないかな」と思われるのです。

私の仲間たちの多くは、85歳くらいまでに、孫から一回は、「おじいちゃん、いつ死ぬの？」と聞かれています。残念ながら、おじいちゃんはもう要《い》らない！　いやむしろ、邪魔と思われているのです。

それは当然で、おじいちゃん、おばあちゃんがいることで、旅行にも行けないし、ときには面白いテレビマンガも見られないし、中には一日中、声を潜めていなければならない人もいます。

家族から邪魔者、と思われないためには「お金を稼ぐこと」です。お金を稼いでさえいれば、それこそ嫁にも、邪魔者扱いされないでしょう。

邪魔者ではなく邪魔物――つまりゴミ扱いされている人も、いるかもしれません。そんなとき、古い名刺などを持ち出したら、よけい屈辱《くつじょく》を味わうことになりかねません。

これは100歳という年齢ではなく、何歳であっても、稼げる力がなくなれば、男の一物《いちもつ》は縮んでしまうのです。

一物が縮むから、頭の中の脳も縮小してしまうし、家の中の存在も矮小化《わいしょうか》してしまうのです。一度じっくり、頭とからだの使用能力を思い返してみませんか？

できるだけ再使用できるように、自分の能力に磨きをかけてみましょう。

この道より我を生かす道なし

ほとんどの人たちは70代にかかると、病気と死のことを考えるといわれます。その点からすると、60代と70代では、生き方に大きな違いが出てくるようです。

また誰でも60代になると、老後をどう生きていけばいいかを、真剣に考えるようです。それも80歳、90歳のことは考えずに、とりあえず60代いっぱいを働こう、そのためにはどうしたらいいか、と考えるわけです。

それは当然で、年金が入るまでは、自分の収入が、自分自身や家族を養う原資になるからです。このときの無理が70代になって、急速に体力を奪うことも考えられます。

60代を健康体の最終時期とすれば、70代は病気体の第1期といえるかもしれません。ここが、人生のもっとも大事な時期といえるでしょう。

というのも、気力と考え方によって、人生がガラリと変わる年代だからです。

「この道より　我を生かす道なし
この道を歩く
実篤《さねあつ》」

これは作家の武者小路実篤の言葉ですが、問題は「この道」です。まさに「生かす道」ならいいのですが、もしかすると「ダメにする道」かもしれないからです。

私は人生の最終コーナーをまわる直前の55歳で、思いきって会社を退社し、独立しています。というのも、私たちの仲間（大学の同期）の一致した話として「80歳までは病気したり、入院したりしても、生きてしまうぞ」という、恐ろしい長生き談義が出ていたからです。

前にも書きましたが、「平均年齢が80歳弱まで延びる」という情報だったのです。

こうなると60歳いっぱいまで働いても、収入や貯金では、ギリギリ無理だ、というのです。

私の同期生たちは、何としても75歳くらいまで働いて、得る収入、できれば定収を持たなくてはならない、という考えで一致したのです。となると、長年働いてきた道を歩く以外、自分を生かすことはできません。

私は思いきって独立し、長年その道で使ってきたペン一本、パソコン一台で、独立したのです。

「この道を行けば　どうなるものか
危ぶむなかれ　危ぶめば道はなし」

一休禅師《ぜんじ》の言葉とも、哲学者、清沢哲夫《きよざわてつお》の言葉ともいわれていますが、長年やってきた仕事をつづける以外、働く道はないのでしょう。

危ぶめば道はないのですから、自信を持って進もうではないですか！

それが自分を救うだけでなく、逆に大きくするのです。

100歳の成功とは何を指すか？

この世に生まれたからには、成功してからあの世に渡りたいものです。ではこの世の成功とは、どういうものを指すのでしょうか？

成功とは時代によって大きく変わります。私は1931年の生まれですが、小学校の先生からは「りっぱな軍人」になることが、「人間の成功」と教えられたものです。

この成功目標は、10年おきにどんどん変化していき、大学を出る頃になると、世界の大国に出て、日本という国を輝かせてくるように、という目標を与えられたものです。

現在の日本は活気がなくなり、むしろ日本経済を少しでも広げよう！　という目標に変わってきています。いや、それだけではありません。高齢化する社会を老化させないように、少しでも若返って稼ぐべきだ――という目標に変わりつつあります。

私自身、92歳でありながら、あと8年間、少しでも働いて、マイナス人間にはならないように、がんばっています。

仮に100歳まで認知症にならなければ、個人として大成功ですし、お国のためにもなるでしょう。最近の新聞やテレビ、あるいは中高年向けのビジネス誌を読んでいると、100歳人生説が当たり前のように出てきます。

もちろん100歳まで元気に働ける人は、ごくごく少数でしょうが、以前には一人もいなかった場所に、8万人以上が詰めかけ、近いうちに、10万人を超える状況になってきました。

こうなると、100歳人口を無視するわけにはいきません。これまでは、たとえ100歳の男女がいたにせよ、会議に出られる人はいませんでした。

しかし今は違います。それこそ、しっかりした100歳経営者も出てきました。

たしかイトーヨーカ堂、セブン-イレブン・ジャパン、デニーズジャパンの設立者、伊藤雅俊氏は98歳です。

老害どころではありません。私自身は、１００歳まで当分ありますが、人の手を借りずに年間何冊も新刊を書いていますし、現役の出版社社長でもあります。

別に会社の社長でなくても、いろいろな仕事で、収入をつくり出すことも可能でしょう。

成功には、

1 金銭面
2 社会的地位
3 健康で長生き
4 自由人タイプ

――この四つの面が考えられます。

多くの人は最初の二つ、金銭と地位の成功を目標とします。

これは当然で、大きくいえば誰でも、この二つを成功と考えています。

しかし、実際には成功はもっとさまざまな側面があり、仮に金銭面で巨大な財を成したとしても、成功とはいいがたい人もいます。

簡単にいえば、病気になってしまえば、使いたくても使えないことになるのです。

私はその点、１００歳まで元気で働ける人、働けた人こそが、大成功者だと思っています。

女性タレントでいえば赤木春恵は94歳で没、奈良岡朋子は93歳、黒柳徹子は89歳で、まだ現役です。

男性タレントでは鈴木清順が93歳で亡くなっています。山田洋次は91歳で元気のようです。仲代達矢は90歳で、まだ無名塾を主宰しています。これらの方々は全員、大成功者でしょう。

新しいことへの挑戦で健康を継続

『グラッドウェルの法則』と呼ばれる成功の方法があります。「1万時間の法則」ともいわれますが、ある分野で一流になるには、1万時間の努力と練習が必要、といわれるものです。

それに対して反論もあり、1万時間も必要ない、という人もいます。1万時間というと、一日の平均練習時間を3時間と仮定すると、毎日練習して約10年間です。若いうちに、10年間の練習時間を積み上げるのは大変ですが、１００歳まで生きるつもりになれば、いくつもの分野で、一流になることができます。

私のまわりにはこの『グラッドウェルの法則』を使って一流になった人が、何人もいます。それこそ阿佐田哲也《あさだてつや》（色川武大《いろかわたけひろ》）という、私の友人の直木賞作家は、マージャンにこの時間を使ったのです。五味康祐《ごみやすすけ》という芥川賞作家は、西洋音楽、マージャン、占い、将棋などに、この時間を積み上げました。

私はこの二人を横目で見ながら、占いと将棋に1万時間を費やしたのです。おかげさまで占いでは、収入を得ることができるようになりましたし、将棋では素人ながら四段位を得て、多くの有名人から、

「きみと打ってみたいから、来なさい」

と誘われることで、人脈を広げることができたのです。

この「1万時間の法則」は、なにもむずかしいことではありません。極論するならば、誰にでもできることです。さらに気ラクなことをいうようですが、90歳をすぎても、一日6時間熱中するとすれば、100歳までに、また新しい能力を加えることができるのです。

いまの若い人々の中には、この半分の時間で、一つのことをマスターする人が大勢いる、といわれています。だから、一つのことがつまらなくなったら、新しいテーマに挑《いど》むことができるのです。

私は90歳をすぎて、YouTuberになっています。もちろんまだ新米ですが、それでも毎月、入金があるのです。「少なくても入金がある」というのは、とても大切なことで、それを基礎にすれば、もっと増やすことは、いくらでもできるでしょう。

この「新しいことへの挑戦」をつづけるかぎり、病気になる確率は、ぐっと少なくなるはずです。私はいろいろな楽しみを持っているので、正直なところ睡眠時間が少ないですし、深夜にも、軽食を摂りたくなります。

いま現在、この原稿は深夜の1時をすぎて書いています。この深夜帯に頭がフル回転するということに、自信を持っています。

いや、90歳をすぎて、頭をフル回転させているからこそ、健康なのではないかと思いますし、新しい分野の収入も増やすことができる、と自信を持っているのです。

これからは男女が共同経営者になる

「カーネルおじさん」「ケンタッキーおじさん」で親しまれているフライドチキンができたのは、日本の敗戦の前でしょうか。これのフランチャイズ化という新しいビジネスモデルを起こしたのは、創業者が62歳のときです。

当時としては、高齢の起業といっていいでしょう。というのも起業して、なんとかモノになるのは、ほぼ10年ほど先で、それまでは、悪戦苦闘が普通だからです。

これだけ大きい飲食業だとすれば、創業者は最低でも、10年くらいは元気でいなければなりません。米国男性の現在の平均寿命が73・2歳ですから、カーネルおじさんは相当、健康に自信があったのでしょう。

実際亡くなったのは90歳でしたから、経営者としては大成功者でした。私は創業後、米国のケンタッキーフライドチキンの店に入っています。

若い時期に、米国に何度か行く機会があったからです。このときカーネルおじさんの写真を見た記憶があります。白髪、白ひげのおじいさんでしたが、あとで調べると、「ケンタッキー州に貢献した名誉大佐」という名誉称号だったことを知りました。

それはともかく、私が82歳で「きずな出版」を創立した裏には、このカーネルおじさんの元気さが蘇《よみがえ》っていたことはたしかです。

それに強い自信を抱いた私は、最短でも92歳まで元気でいれば、この会社は継続すると、案外気ラクに創立した記憶が残っています。さらにこれはぜひあなたに知ってほしいのですが、私には岡村季子さんという、心強い女性の味方がいたからです。現在、きずな出版では彼女と私とで、二人社長制をとっています。

ここは非常に重要で、これからは特に、異性の共同経営者が必要になると思います。「中小企業白書」によれば、個人で創業した場合、1年後に経営をつづけている会社は約40%、5年後で15%、10年後はなんと！　6%しかありません。

この理由はいろいろあるようですが、私は共同経営者、つまり志を共にする人間がいないからだと、勝手に思っています。

もう誰でも知っていると思いますが、いまでは巨大な企業になっているHONDAは、本田宗一郎と藤沢武夫の二人の共同経営でした。SONYも盛田昭夫、井深大の二人創業だったからこそ、大成功したのでしょう。

この方式は今でも生きていると思いますし、特に女性の社会進出をしっかり見つめて発展させていくからには、女性の共同経営者が必要でしょう。女性だったら、男性経営者が必要です。

私の場合は、万一のことがあっても、岡村社長がいるかぎり安心です。年齢や健康を心配するより、社会の動きを見ていくことが大事ではないでしょうか。また共同経営者がいる安心感は、長命と大いに関係があると思います。

第6章 長生きの方法が間違っていないか

毎日が面白ければ長生きできる

このところの新聞、テレビ、出版物を見ていると、さまざまな健康法、長生き法が書かれています。これらはすべて一理ありますが、私の長生き法はそういう新しい医学、栄養学的なものではありません。

そうではなく、むしろ面白い毎日が送れることが、長生きに直結する、という考え方です。私のまわりの高齢者の中には「早く死にたい」という方々が、想像以上に多いのです。その理由は「生きていても面白いことがない」というものです。

もちろん、面白くなくても、生きつづけていたい、という人も多いでしょう。そして実際に長生きする人も、いくらでもいます。しかし私のまわりの高齢者、長寿者の中には「ただ生きていて、時間だけすぎていく生活に、何か意義があるのか？」という疑問を持っている人が少なくありません。

これが一昔前なら「孫が大きくなるのが楽しみ」という時代もありました。ところがその時代は遠くに去り、いまは孫のいるおじいちゃん、おばあちゃんは、少なくなりはじめています。このままでいけば、高齢者の楽しみの中から、孫の存在は確実になくなっていきます。

そこで新しい楽しみをさがす、あるいは与えないことには、高齢社会の意義は、薄れてしまうでしょう。

私は100歳でも働く時代が来ると思っていますし、私自身は100歳になってもしっかり働いていることと思います。しかし現実には、そういう果報者は少ないことはたしかです。とはいえ、このまま「犬や猫と暮らす楽しみ」だけで、超高齢社会に突入するわけにはいきません。

昭和期を通ってきた私には、日本人は冷たい性格になっているように見えます。「邪魔者には冷酷な言葉を発信する」ことは、ネットで誰でも知っているところです。子や孫にとって、高齢者、つまり年を取りすぎた両親は、間違いなく生活の邪魔者なのです。

「早く死んでくれ」と、実の子どもから、思われている両親は、相当多いと思います。

それだけに、自分から生きる楽しみを持たなければ、邪魔者にされてしまうのです。

高齢者にとって、さまざまな健康法によって、無理矢理長生きさせられるのは、迷惑な話かもしれません。そこで、何としても、自分たちで日常の中から楽しみを見つけて、少しでも息子や娘たちの迷惑にならないようにすべきでしょう。

診察代、薬代は補助があっても、無料ではありません。長生きには金がかかるだけに、それを何とかしなければならないのです。ともかく診察と薬に支払う代金を減らすため、異なる方法で元気になりましょう。

私の考えた方法は「何か面白いものを見つける」こと。何でもいいから、それで少しでも元気になれる方法を見つけることです。

そんなわずかなことでも、医薬代が減るかもしれないのです。

面白くねーなー
ブツブツ
イライラ
何であいつは
楽しいことしよーぜ

華やかな時代に何が得意だったか

私は最近、久しく忘れていた口笛を練習しています。口笛は無料の楽しみです。若い頃はさまざまな曲が吹けましたが、いまはほとんど吹けません。口の形、歯の形が変わったのでしょうか。

最初はドレミの音階から再開しましたが、意外に吹けません。私の若い頃は、まだハーモニカでさえも高価でした。私は幸運にも日本のトップ奏者で、「ミヤタハーモニカ」を製作した宮田《みやた》東峰《とうほう》先生から1台頂戴したもので、夢中になって吹きつづけたものでした。

ところがいま吹いてみると、ドレミの音階も忘れてしまっています。ギターも似たようなものですが、しかし高齢になって若い頃の趣味を引っぱり出してくるのも、悪くありません。

ギターは20代に夢中になった。ハーモニカは30代だった。クラシックレコードは20代から60代くらいまでだった……。

こうして、かつての華やかなりし日を思い起こすだけでなく、資料や現物を引っ張り出してくると、予想以上に興奮してきます。

ある女性にこの話をしたところ、和服を出すと、若かりし頃を思い出して、若返るといいます。たしかに芸能人や芸者さん、銀座などの高級クラブのママさんなどは、日常から和服を着ていますが、どなたも非常に若々しく見えます。

一般女性でも、洋装だと、あまり派手な装いはできないものです。なぜなら、おしゃれすればするほど、ヒールを高くしなければなりません。それは一般女性にはムリです。

私はデヴィ夫人と、60年ほど前からの知り合いです。彼女は知り合った年を正確に覚えていて、昨年聞いた話によると、62年前からだというのです。すでに83歳になりましたが、それでいてなんと！ 10センチ以上、11センチのハイヒールをはいて、美しいシルエットで颯爽《さっそう》と歩くのです。

これは若かりしときからつづけているので、可能なのでしょう。別のいい方をすれば、継続年数をいかに延ばすかが、若さを延長するポイントなのだと思います。すでに継続しないもの、若い頃で打ち切った趣味を、もう一度思い出すことは、若返りのコツなのだと思います。

それこそ口笛を吹くだけで、昼の運動になり、ギターを弾くだけで、両手の指が自由に動いていくことになります。

忘れていた趣味を思い出すことは、100歳までの重要な過程なのではないでしょうか？　手でも口でも鼻でもなんでも、動かさないより動かしたほうが、断然元気になるのです。

私はお風呂に入ると、昔の軍歌や歌謡曲を歌います。これだけで記憶力が復活しますし、お風呂の中では、声が響くので、うまく歌えるような気になるのです。

そんな小さなこと、古いことでも甦《よみがえ》らせてみませんか？

本当の若さを自分の中に見つけよう

私はまわりの人々から「本当にお若い」と、よくいわれます。そこでいつも丁寧に「ありがとうございます」とお礼をいうのですが、実はそう簡単ではありません。同世代の男たちと比べて「若い」と見られる理由は、

1. **髪がふさふさしている**
2. **食の回数が多い**
3. **毎日働いている**
4. **大勢の前で話せる**
5. **原稿を書いている**

6 会社に出ている

7 スマホを毎晩遅くまで使っている

……などいろいろあります。

たしかに外観は、同世代と比べたら、自分でも驚くほど若々しいと思います。とはいえ、現実の日常生活では、やるべきことを忘れたり、人の名前を忘れたり、眼鏡をどこに置いたかを忘れています。

専門家にいわせると、知能には二種類あり、高齢者は、過去の経験を土台にした結晶性知能は持っているが、新しいことを学んでいく流動性知能に劣るのだそうです。

これでいくと、60~65歳くらいで、過去の経験と知識に頼る、固まり人間になるようです。よくいわれる頑固老人が、このタイプなのでしょうか？

しかしこのタイプだと、現在の大都会住まいではムリで、あと10年くらいはキャリアチェンジしながら、流動性知能を増やしていかないことには、70代まで暮らしていけません。

私が幸運だったのは、他人と何点か、生活上で大きな違いがあったからだと思われます。そしてそれが、お医者さん方のアドバイスと、まったく方向性が異なっていたことで、お医者さん方も「やめなさい」と、いえなかった点でしょう。

まず私は一時期——

1 マンガ、文章を扱う作家担当編集者だった

2 女性誌編集者として、華やかな時期をすごしてきた

3 週刊誌という、初めて一般人の4倍（月に4回刊行）働く生活に入ったため深夜、徹夜生活が当たり前

こういう生活をしていました。

ここには現在の医師、研究者が説明する「結晶性知能」の一例である言語能力や理解力が含まれています。私が92歳という年になっても、むずかしい漢字や新しい表現などを駆使《くし》できるのは、このおかげだと思います。

また、やなせたかし、手塚治虫といったマンガ家や、マンガ誌編集長を知っていたことも、現代のマンガ社会でプラスになっているとも考えられます。

またこの年齢まで、異性とつながっている仕事は、深夜まで起きている画家や音楽家と、よく似ています。これも若さの要因でしょう。

また私にいわせると、深夜まで取材する、人と会話する、推理するといった生活を、他人の4倍もしてきたことは、流動性知能を4倍増やしてきたことと、同じことではないかと思うのです。

私は現在でも流動性知能、つまり最新の情報を集め、知ることが好きですが、これが90代でも講演や執筆を可能にしているのだと、勝手に自信を深めています。

自分に合う暮らし方がいい

医学の世界は日進月歩です。と同時に、日々異なる意見や研究が出まわる世界のようです。コロナ問題に限っても、どの先生の意見が正しい、とはいえないようです。大学、研究所単位で意見を集約するところもあれば、自分の名前を出したいだけの有名病の医師もいます。さらに新しい研究が実ったことにより、まったく新しい説の出ることもあります。

それにこれは私のようなマスコミの人間が悪いのですが、テレビ局、新聞社、出版社の方向づけに合う医師を多用することもあり、私たちは「○○系医師」と呼んでいます。

コロナでも、政府系医師とマスコミ系医師との間では、月とスッポンほどの意見の開きがつづいてきました。

しかしそれだけ医学は、進歩しているのでしょう。

私は長年、週刊誌の編集長をしてきたため、徹夜作業を避けるわけにはいきませんでした。そこで20代から現在まで、コーヒーを飲みつづけてきたのですが、何人もの医師から「やめなさい！　胃を壊しますよ」と、注意を受けてきました。

ところが何年かするうちに、

「櫻井さんのお元気の素は、コーヒーではありませんか？」

と、医師からいわれるようになったのです。

最近はコーヒーに害はない、といわれているようで、一日3杯くらいはむしろ飲んだほうがいいし、日本茶より効果的、という医師もいます。そのうちまた変わった説が出てくるかもしれませんが、大切なことは、自分の生活に合わせることでしょう。

私は緑茶を飲みません。その代わり、一日何回かほうじ茶を飲みます。コーヒーに緑茶では強すぎる気がするので、ほうじ茶にしているのですが、これも医師によっては「最高！」と、ほめてくれるほどです。

これも私のように、コーヒー中心の生活に合う話なのかもしれませんが、100歳まで元気で活躍するには、やはり本人の意識と意志が大切な気がします。

また私は何十年間、人に関係する生活をしてきました。人の噂、それも悪い噂をバラ撒《ま》いて食ってきた、といえるかもしれません。

週刊誌には、そういう一面があるからです。ただし、ニュースが終わったあとは、つき合いを変えて、長いおつき合いに切り替えればいいのです。

デヴィ夫人とは一時期、トラブルになりかけましたが、いまでは親しい仲になっています。これは一例ですが、高齢になるほど、人間関係を豊かに広げていくことが大切、と思っています。

これも流動性知能を広げていく方法だと、勝手に思っていますが、ともかく人間的に生きていくつもりです。

まだ見ぬ自分の才能に賭ける

私は90歳をすぎても、まだ眠っている才能があるのではないか、と考えています。まだ開花していないとしても、もう芽が出ない、干《ひ》からびた種子になっているかもしれませんが。

それでも社会人になって70年、主とした仕事は、雑誌編集と作家活動でした。こちらは成功したといえるかもしれませんが、テレビ出演と講演活動は、失敗とはいいませんが、大成功ともいえません。ただ収入は大きく増えたので、経済的には成功の部類でしょう。

大失敗は投資活動でした。いわゆる金儲けには向いていなかったのです。しかしそれを人生の最終章で経験したら、最悪の人生だったと思います。

60代に味わったので、立ち直る時間があったのが幸いでした。このとき、私は自分の能力の中で、大きく欠落している部分があることを知ったのです。ただ私の長所といっていいのか、よくわかりませんが、失敗とマイナスを長く引きずりません。この投資能力は自分にまったくないものと、完全に捨ててしまっています。

いや、能力がないとは思いません。自分で投資活動の勉強をしたわけではなく、一人のコンサル、一つの銀行にすべてを預けたことで、大失敗してしまったからです。

いいえ、銀行そのものが悪いのでなく、支店長以下は人柄によるので、どなたとおつき合いするか、よく考えたほうがいいでしょう。

それはともかく、いま考えてみると、才能が開くかどうかは、よき友人、先輩がいるかどうか、だと思います。このよき友人、先輩というと、学校、社会人時代につき合った方々を思い起こすかもしれませんが、それだけでなく、どの書物を読んだのか、「どの著者」に目を見開かされたか、でもあります。

著者こそ、まだ見ぬ自分の能力の開発者だ！　と、私は思っています。

これは私だけではなく、どなたにも、当てはまることではないか、と思うのです。

というのも、超高齢者になると、そう簡単に外出はできなくなります。特にこのところのコロナ騒動で、何年も外出しない人も少なくありません。

それだけに、書物は非常に重要になってきました。いまは買いに出なくても、ネットで簡単に取り寄せができます。また何も新刊だけでなく、古い本の中に、自分の能力を開いてくれる類いのものも少なくありません。

いまは本当に便利で、ネットで希覯《きこう》本も買うことができます。このネットを活用することに、自分の才能が眠っているのではないか？　それこそ、読書情報でどなたかのお手伝いができるのではないか？　と考えています。

何も自分が主たる仕事をしなくてもいいのです。古くて価値のある本を見つける能力は、若い人たち、いや中年の男たちでも備わっていません。それだけに、見つけるお手伝いができるかもしれないものです。

それが、超高齢の特権ではないでしょうか？　もしかすると若い人の夢を引き出すことが、最終の仕事になったりして……。

突然のアクシデントを払う力

不幸、不運にも、自分が願っている年齢まで届かない人もいるかもしれません。あるいは届いたとしても、苦しい人生になってしまうこともないとはいえません。

これまで私が気をつけてきたこと、これから気をつけようと注意していることは、どういうものでしょうか？

大きくいうと——

1 健康問題

2 金銭問題

3 突然のアクシデント

この3項目です。

多くの人と異なるところは、3番目の「突然のアクシデント」だけです。

健康問題と金銭問題は、高齢者の99パーセントが気をつけるテーマであり、100歳まで長生きできた人たちは、それを何らかの形で解決できた人、ということができるでしょう。もちろんこれは、一人で解決できる問題ではありません。まわりに助けてくれた人がいたに違いありません。

では「突然のアクシデント」とは、どういうものでしょうか？　予想もしなかったトラブル、といえるかもしれません。事故、不運な出来事がそれですが、これらから逃げる、あるいはこれらを避けるには、超人間的な魔力が必要でしょう。

つまり神仏の力、宗教の力です。

昔から高齢になるに従って、神仏に頼る人が増えてきました。皆さんのご家庭でも、特に祖母が、仏前で祈りを込めている姿を見るのではないでしょうか？

女性は若い頃からスピリチュアルの中に、奇跡を求めつづけますし、中年以後は新宗教を含めて、神仏に祈りを込めます。これは正しい方法で、アクシデントを払うには、人間の力だけでは不可能です。

もちろん、これによってアクシデントを払えるかどうかわかりませんが、何もしないより、心が強くなります。中でも女性は、身体そのものが、宇宙とつながっています。正確にいえば月と同調していることは、もうどなたでも知っていることです。だから女性は男性より神仏・宇宙の恵みを受けやすく、長生きできるのでしょう。

実際、現代の男性は、女性とつき合わない独身ほど短命です。女性の平均寿命は、男性より一歩も二歩も速く、100歳に近づいています。突然のアクシデントを、神仏の力で避けられるのかもしれません。

現在、神仏に近づいていない男女は、ぜひ近づいてみましょう。私は56歳のとき、仏教の大学で勉強しましたが、たったそれだけでも、その後の生き方が大きく変わっています。

2023年は親鸞聖人《しんらんしょうにん》のご誕生850年、弘法大師《こうぼうだいし》ご誕生1250年に当たります。あなたが現在、人生の最終場面に近づいていても、ここで宗教をしっかり勉強して、生き方を転換してみてはいかがでしょうか？

第7章

自分史を書き続けていこう

自分を若く、高く売り込もう！

私は90歳を二つもすぎているというのに、まだ自分を、人様から高く評価してもらいたい、と考えています。

もうそろそろ、あの世からお呼びがかかるかもしれないというのに、欲張りすぎますが、それは若い頃、上司だった神吉晴夫《かんきはるお》（元光文社社長）から、一冊の原書を見せられていたからなのです。

《The Secrets of Selling Yourself to People》という題名ですが、神吉さんは、「きみはまだ20代だが、いまから自分を、高く買ってもらえるように考えなさい」と「自分自身の売り込み方」を、いろいろ自分の経験と照らし合わせて、話してくれたのです。

私が入社3カ月で、芥川賞を得たばかりの松本清張先生とつき合い始めたときは、自分のことのように喜んでくれたものです。

人生において「他人様から高く評価された者だけが成功者になる」ということを、初期の段階で知ったのです。

この考え方は、当然のことながら、その後、私のまわりにいる人たちにも伝わっていき、その多くはいい仕事をしていきましたし、有名にもなっています。

この考え方は、私の人生の信念のようになっていますので、この高齢になっても、まったく変わっていません。「この歳で、どうしたら自分を売り込むことができるか?」を、日々考えている、といってもいいでしょう。

そう考えることで、まず「病気になってはいけない」と日々気をつけることになり「どう発信していくか?」で単行本を書いたり、Facebookに毎日、記していくことになります。

内容は別として、毎日書きつづけることで、人様から高く評価を受けることになります。さらに、せっかくなら自分の年齢で「1番になれるものはないか?」と考えていくと、いろいろ出てきます。YouTubeでも、90歳すぎて2日に1回、話している人はいませんし、それで少しでも稼げるYouTuberになったら、それだけで評価されます。

それに毎週メルマガ、ブログを配信していく、雑誌に毎月、連載記事を書きつづける、となると、もしかすると日本中探しても、こんな無茶なご老人は、いないかもしれません。

私は他人とまったく反対の考え方で、「無理をするから元気になる！」という生き方です。年をとってきたら、ゆっくりすごす、のんびり暮らす——という生き方では、頭が働かなくなるだけでなく、口も利けなくなるし、ましてや身体が自由になりません。

「杖《つえ》を買うから足が悪くなる！」という異常な考え方なのです。ペンを買えば書けるようになるし、寝なければ、いくらでも仕事が進むのです。

変わり者すぎますかね？（笑）

自分を売りこむ
櫻
神吉晴夫
太宰治(?)
五味康祐
佐藤栄作

人に見えない能力を自分に発見する

きずな出版をスタートさせたのは、２０１３年3月4日でした。何度も書くようですが、この日は奇しくも、私の82歳の誕生日でした。いや、わざと誕生日を創立日にしたのではなく、この日づけで、書籍の大手取次店から「商取り引きを開始する」という連絡が届いたのです。

これは思いもかけない連絡で、きずな出版にとっては、これ以上の幸運はありません。私が生まれた日から82年目の誕生日に、最後の大仕事と考えた「きずな出版」が生まれたのです。

私は22歳のときに「占いと運命学」を知りました。芥川賞作家で天才的な占いの名手、五味康祐先生の手ほどきを受けたのです。

また日本占術協会開祖の大熊茅楊《ちよう》先生が、私の後ろに立ってくれたのです。大熊先生は女性の占い師の開祖といわれた方で、現在の女性占い師で知らない人はいないでしょう。

さらに日本にフランスの手相術をもたらして、日本占術協会を創立した、故浅野八郎さんは、私と同年で、ほぼ一緒に出世街道を歩き出しています。彼は31歳のとき、大ベストセラー『手相術』を光文社から出し、同じ年に私は光文社の「女性自身」編集長になり、私は彼の観てくれた手相により、自信を抱くようになったのです。

現在までに、私の手相は大きく変わっていますが、恐らくこれ以上の手相の持ち主はいないと、勝手に思い込んでいる線が何本も、出てきています。

実は82歳で創立した時期には、ここまでの強運線は出ていませんでしたが、その後の10年間で、次第に長く伸びてきたのです。

男たちの中には、占いをバカにする人も少なくありません。

ではそういう人は、何を信用しているかというと、師匠というかメンターです。ところがこの師匠、メンターと呼ばれる人たちの多くは、中国占術か東洋思想の専門家が多いのです。この東洋思想は中国易占術と同根のところもあるだけに、結局は似たようなものです。

私は佐藤栄作、寛子ご夫妻から、息子のように可愛がられましたが、それは総理在任中のことでした。首相公邸に呼ばれて行くと、総理は独りで黙々と、トランプ占いをしているのです。

1時間くらい占っていたところを考えると、人事をトランプで決めていたのではないか、と思ったほどです。

岸田首相の人事はことごとく失敗していますが、私はこの首相には「見えざる能力」が備わっていない、と思っています。

田中角栄首相にも、見えざる能力があったように思います。近いところでは、京セラの稲盛和夫も、経営者の実力とは異なる力が備わっていたような気がします。

常識とは異なる考え方を教えてくれる人が真のメンターであり、占い師なのです。

私の場合は秀《すぐ》れた宗教家や占い師たちとつき合い、手を握られたことで、珍しい線が手の平に備わったのかもしれません。

ギネスに載る！一歩手前だった！

きずな出版がスタートして9カ月のある日、思いがけない通知が、「ギネスワールドレコーズジャパン」から舞い込んできました。

私が「82歳で出版社を起業」したことに対する返信です。

「今回は認定には至りませんでしたが、ギネスの世界記録に興味を持ってくださり、今までの結果をわれわれにご紹介頂いたことを感謝いたします」

初めて見るギネスの文章でしたが、非常に丁重なものです。

問題は一体誰が、私をギネスに推薦《すいせん》したのでしょうか？　私も岡村季子さんもまったく知らずにいたのですが、私たち二人の知人、友人が、秘かに推薦状、推薦文を出してくれたのでしょう。

その推薦人は、その後まったくわかっておりません。もしかしたらこの人か、あの人かと、２人で話し合ったのですが、直接確かめることはしませんでした。ただ、こうやって推薦することができるのか、と知っただけでも勉強になりましたし、84歳（当時）で起業した人が、世界中で二人いたことも、大きな情報となりました。

84歳で起業するとしたら、94歳くらいまでは元気でいることを、前提にしていることになります。

私は現在92歳になりましたが、コロナの流行という異常な社会状況により、日常生活が大きく変化しました。毎日、会社に出社できなくなったことで、一日の歩数も相当減ってしまいました。

話す時間が少なくなり、代わりに書く時間が大幅に増えてきました。それでも医師の診断によると「まったく異状が認められない」とのことで、これまで通り働きつづけていいようです。

とりあえず１００歳を目標とし、できれば１１０歳を狙っています。これは私だけの目標というより、１００歳社会が必ずやってくると思うからです。

振り返ってみると、私の人生スタートは、中学4年と規定できる気がします。この年、神奈川県芦之湯の温泉で、太宰治と覚《おぼ》しき作家と出会ったからです。この日から私の人生は大きく変わり、出版社に入って作家担当となり、日本文学を代表する松本清張、三島由紀夫、川端康成の諸先生から、目をかけられる幸運に出会ったのです。

このことも含め、アストロロジャーの來夢先生から「人生録を書きなさい」と、アドバイスを受けました。この本の最後に、人生録『櫻井秀勲の自分史』の一部「青の時代」を掲載しますが、みなさん方お一人お一人も、ぜひ「自分史」を書いてみてはどうでしょう？

自分の人生の一部でも「生き方」を変えるべきだ、と思うようになるかもしれません。私はそのプラスもあって、現在元気でいられるのかもしれません。

人間、どんな人生になるかわからない

前にもどこかに書きましたが、私は一回入社した講談社を落とされて、子会社の光文社に行かされました。ふつうであればあり得ないことですが、このとき講談社の野間省一社長は、私を連れて子会社の光文社に、挨拶と依頼に向かってくれたのです。なぜ一介の学生にそうまでしてくれたのか、その謎は数年後に何となくわかりましたが、それによって、日本の文学史とマンガ界が大きく変わった、といえるかもしれません。

私は外大のロシア語科に入ったことで、講談社の『トルストイ全集』の翻訳家、原《はら》久一郎《ひさいちろう》先生の息子、原卓也と同期になったのです。それだけでなく、一緒に「作家群」という同人誌を発刊し、将来、二人は出版社に入って、作家になるという夢を誓い合ったのです。ただ彼は、東京外大の学長で、翻訳家になってしまいましたが。

もう一人、同期60人の中に、講談社の初期の天才「少年倶楽部」編集長の加藤謙一さんの次男坊、加藤宏泰《ひろやす》がいたのでした。この加藤謙一さん（当時の顧問）が息子の友人ということで、学生時代から私に目をつけ「卒業したら講談社を受験しなさい」と励ましてくれていたのです。

なぜ私がこんなことを細かく書くかというと、運命は友人と大きく関係があり、その運命は、もっと大きな分野、世界とつながっている、ということを説明したいからなんです。

そのすすめもあって、私は講談社を受け、加藤さんと原久一郎先生のお力もあって面接に合格し、一旦は入社したのですが、加藤さんがマッカーサー指令で公職追放されたことで（実際は自分から講談社を退職）、私を入社させるのはよくない、という考えもあり、入社を取り消された、というのです。

それによって講談社は、入社後の『トルストイ全集』担当編集者の予定を失っただけでなく、加藤さんが望んでいた、当時の「少年倶楽部」編集部への入社、配属も消えてしまったのです。

当時としては、単に一人の新入社員を次点者と入れ替えただけでしたが、私を社長が光文社に入社させたことで、松本清張、五味康祐という大ベストセラー作家を譲った形になってしまったのです。

しかし、それだけではありませんでした。

外語大同期生の加藤宏泰は、父親の出版していた「漫画少年」編集長として、かの有名な若いマンガ家たちのための「トキワ荘」をつくったのです。

このトキワ荘は、現在は解体されて、跡地近くにマンガミュージアムができました。

加藤宏泰はすでに亡くなりましたが、20代で大きな仕事をした男でした。

これらのマンガ家を育てるために、20代で借金返済に奔走していた姿が思い起こされます。それでいて、笑顔を忘れない男でした。

私は長生きし、加藤は若くして苦労のうちに亡くなりましたが、人生は一瞬一瞬で変わっていくようです。

マンガを見る、読む人こそ長命？

ここで、とんでもない仮説を披露しますが、「マンガ好きの現代人は、難解な文学を読んでいた一時代前の人たちより、長生きするのではないか」と私は勝手に思うのです。

すでに、いまの70代はマンガ好きが多く、活字は読まなくなりつつあります。

新聞はほとんどが文字でつくられていますが、部数は減る一方です。

私はこの原因を、内容がつまらないから読まれないのではなく、文章だから読まないのではないか、と信じています。

仮に朝日新聞夕刊をマンガ的（イラストやデザイン画を含め）に編集したら、どうなるのか、実験してみてもいいのではないか、とも思っています。

活字がピークの70年代には、たしか、「週刊朝日」も100万部という、ケタ違いの大部数を出していた一時期があります。この時代が活字人間の最盛期でしたが、この時期こそ、マンガ世代が大人になりかけていたときでした。その「週刊朝日」も最後は7万部で廃刊されてしまいました。

講談社の5期後輩で「少年マガジン」の第3代編集長の内田勝《うちだまさる》くんは、「櫻井さん、そのうちにマンガが活字を追い越しますからね。見ていてください」といっていましたが、『ゲゲゲの鬼太郎』や『仮面ライダー』『巨人の星』などを生んだこの天才編集長によって、世界中がマンガ時代に突入しています。

また最近はスマホで読める「縦スクロールマンガ」も人気になっています。いまは「読みやすい」という評価ですが、これが当たり前の時代が間もなく来るでしょう。私はその時代こそ、年齢が広がっていく、長生きする世代が激増すると思っています。

衣類ができた頃は、暑さ寒さを防ぐ衣類でしたが、この発達によって、人類は美しさと長生きを勝ち得たといわれています。

私のような高齢でも、マンガを読むのは面白いし、そのゆとりによって、イライラを解消することができます。

いまのところ表立って「マンガは健康によい」という医師は出ていないようですが、思考回路が変わることだけは、間違いなさそうです。これから活字を追い越すマンガ全盛時代になると、真剣に研究する医師や医療機関が出てくることでしょう。

ともかく活字人間は減る一方です。私のような漢字、漢語人間は、どんどんいなくなるし、別に漢字が使えなくても、何の問題もありません。

むしろ、絵、マンガ、イラストによって、学問が進んでいくのが当然ならば、いまのうちから高齢者は、マンガに親しんでおかなくてはならないでしょう。

私にいわせれば、いまの80歳以下の方々は、むずかしさより易しさ、楽しさ中心の生活をすべきであって、それが100歳世代を広げるのではないか、と思うのです。

考えてみると、マンガ全盛のスタート時期は、私が22歳で光文社に入った年でした。最初に、大衆雑誌「面白倶楽部」に配属されて、私が担当したのは、時代小説とマンガでした。

ここで私は、徳川幕府の老中たちの多くが、当時でも、70代で活動していることを、名作『徳川家康』全26巻を書き上げた山岡荘八先生から教えられたのです。

先生は老中部屋の広さから照明に至るまで、詳細に調べていたのです。このときの教えをいま現在、私はわが家に応用しているのですが、明るさは長生きに大きなプラスなのです。もし私が山岡先生の担当者にならなかったら、もう死んでいるかもしれません。

また、私はマンガ家も担当したのですが、これも大きなプラスになっています。ここでいうならば、マンガ家が長生き、というのではありません。むしろ本格的な画家のほうが、長命といえるかもしれません。なぜなら輝かしい色彩絵を描くからです。マンガ家の多くはペン描きで、アイデアに苦しむ人が多いのです。

それでも私と同時期に、三越宣伝部から独立して、マンガ家になったやなせたかしは、94歳という長命でした。彼の場合は絵本を描き、詩人でもあったので、笑顔の多いタイプでした。

年齢は私より10歳ほど上でしたが、私が編集者になった同じ年に、マンガ家に転職したこともあり、親友といっていいほど、彼のアトリエに入り浸っていました。

さらにこの年、岡部冬彦という新進マンガ家の担当になったのですが、このとき「マンガと時代性」という様式を、教えられたのです。

岡部はやなせと同期のマンガ家でしたが、「アッちゃん」「ベビー・ギャング」で人気を博しました。また「ソニー坊や」というソニーのキャラクターを描いたことで、特に有名でした。ソニーが東京通信工業という旧名称から「ソニー」という新社名に変更することになった折に、このかわいい坊やをキャラクターにしたのです。

このとき岡部が選ばれたのですが、彼はその後私に「ソニーの株を買っておきなさい」とすすめてくれたのですが、私はまだ株式というものがわかっていなかったので、買いませんでした。あとで東京通信工業時代の清掃員の女性が買っておいた株が「7億円になった」という記事が新聞に出て、びっくりしたものです。あのとき彼のすすめに従っていたら、どんな大金持ちになったでしょうか？

もっともその前に心臓が驚いて、とうの昔に、あの世に逝っていたかもしれません。岡部冬彦は82歳まで生きていましたから、たぶん、ゆったりと暮らせたことでしょう。

私の右手に大きな秘密あり！

人間はいつどこで幸運にめぐり合うか、誰にもわかりません。ただ、自分自身に何の知識もないと、その幸運が見えないのでしょう。

私の場合は手塚治虫先生を目の前にしながら、おつき合いのチャンスを逸《いっ》してしまいました。仮におつき合いしていたら、まったく別のテーマを描いていたでしょう。

前にも書いたように、手塚先生は私の恩人、加藤謙一さん（元講談社顧問）が育てた若手であり、私と同期の加藤宏康くんが、トキワ荘を世話したマンガ家です。

それだけではありません。私が光文社で座っていたすぐ後ろの席に「鉄腕アトム」担当者が座っていたのです。毎月、手塚先生の原画を頂いてくると、まっ先に私に、

「櫻井、来月号を見せてやる」

と、原画を机の上に広げたものです。私が「連れて行ってください」と一言いえば、喜んで「後輩です！」と、連れて行ってくれたでしょう。

その点、出版社の編集部員は、宝の山にいるようなものであり、私の場合は、間違いなく連載マンガが頂けたと思います。それと同時に、私だけではなく、先生の運命も変えてしまうのです。

ここが非常に重要なところで、私たちは誰でも、人とつき合うことで、自分だけでなく、相手の運命まで変えてしまう可能性があるのです。

だからこそ、どの人とつき合うべきかを、しっかり考えなくてはならないのでしょう。また先生方も「櫻井という男とつき合って、大丈夫か？」と、思うはずです。

私はその点、他の誰よりも自信を抱いています。私とつき合ったら、間違いなく長生きできるのです！　そういうと、笑いだす人もいるかもしれません。しかし私の話を聞きだすと、次第に真剣になり、最後には「ぜひ私と握手してください」と、頭を下げる人が多いのです。

それは私の右手の平に、秘密があります。理由を書けば――

私は35歳のとき、創価学会を率いて、若き会長になった池田大作氏に初めてお目にかかり、握手をしています。

その後、信者数180万人といわれた時代のPL教団二代教主、御木徳近《みきとくちか》氏と、何度も握手を交わしていますし、立正佼成会の開祖、庭野日敬《にわのにっきょう》氏とも、数千人の信者さんの前で握手していただいています。

さらには、真如苑の伊藤真乗《しんじょう》開祖とも、握手する機会に恵まれています。

これらの方々は宗教関係者ですが、そのほか政治家の方々とも握手を交わしています。恐らく一般人としては、何千万人の方々と、間接的に握手を交わしていることになるでしょう。私はそんな自分の右手を、宝石のように大切にしています。

いや、宝石というより「魔法の手」と呼ぶべきでしょう。私と握手したら、何でも叶うかもしれません。宗教人の手には仏が宿っているだけに、よりよい人生、より長くて健やかな人生がつづくと、私は心の底から信じているのです。

92歳、本日も絶好調の一日

作家の三島由紀夫先生は、

「櫻井君は長生きする！」

と、生前にはっきりいっていました。それは私が「10分前主義」の実践者だったからです。

なぜ10分前主義が長生きなのかを、先生は、海軍を例に取って説明していました。

「仮に陸軍の場合は、万一遅れても、次の列車で部隊のあとを追うことができる。しかし海軍の場合は、桟橋を離れたら、1秒遅れても後を追うことはできない。泳いでもムリだ」

というのでした。

実際には陸軍でもムリでしょうが、その差を私に、わかるように説明したのでしょう。実際、その甲斐あって、92歳になっても、絶好調です。

とはいうものの、健康はいつまでもつづくものではありません。油断したら、たちまち入院の憂《う》き目を見ることでしょう。人間は誰でも日一日と、死に近づいているからです。

しかしここで重要なのは、目的意識です。いつまで健康でありたいか？　何歳まで生きていたいか、でしょう。

そのためには目的、目標が大事です。この中にも書いた彫刻師の平櫛田中は、100歳を迎えた際に、600万円を出して、30年分のクスの木を3本買い求めています。つまり「30年間は生きるぞ！」という覚悟を自分自身に与えたのでしたが、107歳まで生きて仕事をつづけています。人生の勝利、目標の勝利というべきでしょう。もちろん私も92歳の誕生日には、新しい目的、目標を立てるつもりです。

そのためには、何歳まで生きなければならないか、何を買い求めなければならないかを考えますが、まだ死については、一切考えないことにしています。

もしかすると、友人の高須克弥《たかすかつや》先生に、顔の美容整形をお願いするかもしれません。肌や顔がきれいになれば、さらに110歳くらいまで、生きたくなるかもしれないので。顔のしわがなくなるだけで、外出が多くなるでしょうし、社長業もつづけていける可能性も高まります。

いや、元気な100歳でいれば、かつての「きんさん、ぎんさん」ではありませんが、テレビの恒例出演者になれるかもしれません。いやいや、そんな当たり前のことではなく、書き手として、本を出しつづけていくのが、最高の道でしょう。

本を書くには、やはり頭脳活動が重要です。いまのところ私は、一人の目標がいます。作家の佐藤愛子さんがその人ですが、現在99歳です。一度は断筆宣言しましたが、それでは老けるというので、再び書き出しています。

彼女とは手紙の交換で、互いの元気を確認していますが、多分、110歳は悠々と通り越すでしょう。こういう目標の方がいることは、私にとって大きなプラスだと思っています。

［付録］

『櫻井秀勲の自分史』

第１部

「青の時代」

20×10

∞　∞　∞

私の最初の記憶は雪だ。冷たい粉雪が降りしきる中、姉の背に負ぶわれて、父の葬儀に出た思い出が残っている。

しかしこれはのちに、多くの人によって否定されてしまった。1歳10カ月の子どもの頃の記憶が、今日まで残ることはないという。

恐らく私の記憶にくっきり残る、優しかった姉の端整な顔立ちも、雪の中で背中にしっかりつかまっていた記憶も、大人たちの話から自分なりに映像化したものなのだろう。

私は1931（昭和6）年3月4日が誕生日となっている。しかし本当は3月3日の夜の生まれだ。

「3月3日の雛祭りに生まれた男の子では、いじめられるだろう」

と母にいいきかせて、翌日の4日生まれにしたという。私が覚えている父の唯一の愛情である。

ある日、この誕生日の話を日本テレビの番組で話したところ、アナウンサーの徳光和夫氏から廊下で声をかけられ、

「櫻井さんは誕生日を一日ズラされたそうですね。私は櫻井さんより10年下の1941年3月3日生まれでしたが、3月10日にさせられました」

と、同じような思い出を語ってくれた。戦争中には、男の子が軍隊に入隊することを心配した親たちが、数多くいたのかもしれない。

私の父は東京下町の錦糸町近くで町工場を経営していたが、1933年、45歳で亡くなってしまった。男5人、女2人の7人の子を抱えて、母の苦闘は戦中、戦後と、20年以上つづくことになる。

私が末っ子だから聞いていないのか、それとも兄たちも深い事情は知らなかったのか、どうも父方の親戚とは疎遠というより、絶縁状態にあったようだ。

だから私は父の故郷をまったく知らない。群馬県○○郡××村の出身で、親戚は村長や小学校の校長を務めていたということまでは知らされていたが、この村には一度も足を踏み入れたことがない。

死ぬ前に一度は訪ねて、役場で縁戚を調べてみようかという気もないではないが、それは母の意志に反する気がして、積極的になれないのだ。

母は千葉県の山武郡白里村（現・大網白里市）の出身で、小学校を四年で卒業している。明治の半ばまでは小学校は四年制だったのだ。

この母は東京に出て、ある華族の邸《やしき》で働くことになった。このとき文字を教えてもらえたようで、漢字力はいまの大卒ほどの実力を持っていたように思う。明治生まれの人たちの教養なのかもしれない。

それは後年、私が作家の松本清張先生と手紙の往復をすることになって、再び驚かされた。

先生は高等小学校といって、小学校6年を卒《お》えて、あと2年学ぶコースを修了していたのだが、文章に誤字はまったくなかったし、その優美なペン字にも教養がにじみ出ていた。

櫻井家は多難というか悲惨だった。私が小学校を卒えるまで、何回引っ越ししたことだろう。それも次第に狭い家になっていくのだ。

私が小学校に入る前に覚えたひらがなと漢字は「かしや」だった。最初はお菓子屋さんだと思ったのだ。母が「かしやを見に行くから、ついておいで」というので、喜んでついて行ったのだが、それはお菓子屋さんではなかった。

貸家だったのだ。昭和の10年代は「かしや」または「貸家」と半紙に書いて玄関の戸に斜めに貼った家が、あちこちにあった。戦死した人の家がそれだけ多かったのだろう。

母はより安い貸家を探しに、私を連れて街を歩いたのだった。自分の名前以外で、最初に覚えた漢字が「貸家」というのは、少々つらすぎたが、これも後年、作家たちにこのエピソードを話すと、真剣に聴くだけでなく、メモをとられるほどだった。

「櫻井君の話は面白いので、また来てくれないか」

どの作家からも歓迎された思い出がある。

∞　∞　∞

私が本格的に漢字に興味をもちはじめたのは、小学4年生の頃だろうか。1941（昭和16）年12月8日、日本は米英連合軍と戦争に突入した。

これにより、東京ではどの家も灯火管制が敷かれ、わが家の兄姉は毎晩、家に帰る以外、どこにも遊びに行けなくなってしまった。

そこで旧制中学の数学教師だった次兄の発案で、毎晩、漢字の書き取りゲームを始めることになった。外に明かりが漏れないように、一部屋の電灯の下に集まり、私は易しい辞書を片手に、それぞれが問題を出すのだ。

兄たちが兵隊に取られていったのは、2年ほどあとだった。それまでの期間、ほぼ毎晩つづいたこのゲームは、私の国語力を大きく伸ばしてくれた。のちに「女性自身」編集長になったとき、ロシア語の専攻でありながら、国文学出身者を泣かせた私の漢字力や熟語力は、この2年間の兄姉たちとの勉強で鍛《きた》えられたものだった。

講談社受験の折も「虎杖」「潮来」という漢字の読みが出たが、合格者でも読めなかったものを、私は「いたどり」「いたこ」とルビをふることができた。このときほど兄に感謝したことはなかったが、兄は、天性、教師の素質をもっていたのだろう。

私は小学校だけでも3校を転々としている。そのたびに家が小さく狭くなっていくのだが、それでも蒲田（現・大田区）の出雲国民学校（戦時中の小学校）で、4年の担任になった友定《ともさだ》先生に出会ったのは幸運だった。

私の作文から、文才のかけらを見つけてくれた恩師だった。その作文はいまでも覚えているが、空腹に我慢できなくなって、隣家の柿を盗んだ話なのだが、架空の物語だった。

友定先生は、これを絶賛して、私にそれをクラスで読み上げさせたのだ。

我が家の男兄弟は私を加えて5人いたが、不思議なことに、一人ひとり能力が異なっていた。長兄は若い頃、やくざの集団に入っていたことがあり、そのかっこよさで、女性からモテモテだった。

∞　∞　∞

次兄は数学の教師から最後は高校の校長になったが、私は一時期、この兄の編纂《へんさん》した教科書で学んだことがあり、それによって数学が嫌いになった思い出がある。

数学の教師から「なぜ櫻井はお兄さんが数学の先生なのに、数学ができないんだ」といわれたことで、よけい数学嫌いになったのかもしれない。しかしこの数学嫌いが、受験の際に響いてしまったのだ。

私と6歳違いのすぐ上の兄は、日本画の才能の持ち主だった。いや絵画だけでなく、戦時中にはミシンもないのに、私の洋服を縫い上げるなど、芸術的なセンスは抜群だった。

もし日本画をつづけていたら、一廉《ひとかど》の絵師になっていたのではあるまいか？　だが兄は不運だった。

これは昭和20年3月9日深夜の東京大空襲のときのことだが、危うく難を逃れた我が家は、母の実家のある千葉県山武郡大網町に疎開することになった。

一家は無事に疎開できたのだが、兄が送った荷物一式が、焼夷弾で貨物列車の中で焼けてしまったのだ。その荷物の中に、大切な画帖から高価な絵筆、絵具まで入っていたのだ。

千葉の疎開先では、到底揃えることのできない道具だった。兄は相当、心に痛手を受けたのだろう。絵をぷっつりやめてしまった。

戦争中の兄たちは、娯楽がないので、休日になると将棋ばかりしていた。恐らくほかの家でも、似たような風景が繰り広げられていたのではあるまいか。

娯楽といえば軍事色豊かな映画だけで、それも映画館が閉鎖されていくので、国民学校の校庭で夜間に行われる、野外映写会に行くしかなかった。しかしこれも空襲を警戒して、次第に回数が減っていったようだ。

そうなると家でラジオを聴くか、将棋を指すくらいしか娯楽がない。兄たちの指している姿を見るうちに、私は相当棋力《きりょく》が上がっていたようだ。

夏の夕方には、近所のご隠居《いんきょ》さんたちが、縁台に腰かけて夕涼みしながら、将棋を指す風景が、どこの横丁でも見られるようになる。私はそのご隠居さんたちの相手をさせられたが、10歳くらいになると、ご隠居さんたちから「本物の将棋指しになれ」

といわれるほどの腕になっていた。

もちろんそれはほめすぎだが、しかしご隠居さん方からこのとき将棋を仕込まれたことが、のちの私を幸運に導いてくれたのだった。

いまから小学生時代を振り返ると、友定先生と、これら横丁のご隠居さんたちが、私の運命を大きく転換させ、いまの道に導いてくれた、無名の恩人といえるかもしれない。

私は小学校、中学校を通じて、あまり健康とはいえなかった。というのも2歳の頃、膿胸《のうきょう》という病気にかかり、胸腔内《きょうくうない》に蓄《た》まった膿《うみ》を取ったことで、呼吸の力が弱くなってしまっていた。短距離走はまだしも、長距離走は苦手というか、息が切れて走りつづけられなかった。

そんな身体の状態から見ても、将棋や作文のように、静かに座ってできるものは、自分に向いているように思えた。

∞　∞　∞

太平洋戦争が始まったのは1941（昭和16）年12月8日のことだった。以後終戦となる1945（昭和20）年8月までの4年間は、ここで書くまでもなく、地獄の様相を呈していた。

母は生来、カンが鋭いというか、一種の霊的能力をもっていたようだ。私は生まれていないので、母から聞いた話なのだが、大正12年（1923）に起こった関東大震災の折、母は4人の子どもを抱えて、東京・本所区（現在の墨田区）の横川橋近くに住んでいた。

この日父は出かけていたそうで、大地震のあと火災が起こったという。母は近くの広い庭をもつ陸軍被服廠《ひふくしょう》に逃げようとしたのだが、10万人という人々が一斉にそこを目指していたので一歩も近づけなかった。

このとき母はここで火災が飛び火してきたら、丸焼けになると思い、意を決してこれらの人々と逆方向に歩き始め、小さな川を見つけて子どもたちを全員、川の中に入れたのだ。

この母のとっさの機転が、家族を救ったのだ。このときの経験から母は「みんなの逆を行けば、幸運に恵まれる」という一種の人生哲学を身につけ、一生この方針を変えなかった。

このときの決心が、空襲の危険を察知したのかもしれない。戦争が始まって二年ほどたつと「ここにいては危ない」といって、移転しようといい出した。

たしかに蒲田というところは、当時京浜工業地帯といわれ、軍需工場だらけだった。次兄、三兄とも、近くにあった母の弟の工場に毎日働きに行っていたが、別にまだ空襲が始まったわけではない。ふつうに働きに出ていたのだ。

結局44（昭和19）年秋に、板橋区小竹町の、半分畑の中にいるような住宅に移転したのだったが、これが一家を救った。

ここには当時、日本大学芸術学部が、数年前から移転してきていたが、あとで知ったところによると、文部省は軍部から「芸術学部などムダだ」といわれ、廃止寸前まで行ったという。

蒲田の一帯は、翌年の3月9日深夜の大空襲で焼け野原になり、この江古田もその大空襲で、焼夷弾攻撃を受けた。

私は当時、山手線浜松町にある芝商業学校に通っていた。普通中学に入学しないで、なぜこの商業学校に入ったかは、従兄が上級生にいたからだった。

この時期は従兄が同じ学校に通っている、というだけで少しは安心の時代だった。学校で空襲を受けたときは一緒に逃げなさい、ということだった。しかしそれは甘い考え方で、従兄はすぐ軍需工場に学徒動員となり、私は2年生になると、五反田の電線製作工場に動員となった。

つまり同じ学校でありながら、まったく異なる工場で、丸々一年間働かされることになってしまったのだ。

結局私がこの学校で勉強したのは一年間だけで、疎開先の千葉県立成東中学でも終戦まで、山中で松の根を掘らされていた。松の根から油が取れて、それで飛行機が飛ばせるというのだ。それを山の中から掘り出して工場に送るのだが、毎日、兵隊と泥んこになって働いていたことになる。

正確にいうと、当時の中学校、女学校は5年制だったが、私がきちんと勉強したのは最初の1年間だけで、教室に戻ったのは3年生の9月、2学期からだった。

しかし教科書もないし、もちろん参考書も出ていない。英語は辞書もない。文部省から送られてきたものは、新聞紙大のザラ紙に印刷しっぱなしのもので、生徒一人ひとりそれを折ったり切ったりしながら、本の形にしなければならなかった。

それでも正しければいいのだが、3学期を終える頃に文部省から正誤表が届くのだ。国語の漢字の正誤表だけでなく、英語もそうだった。〈Tyger は Tiger の誤り〉などとなってくるので、私はいまでも危うくyの字を書きそうになる。

私の頭の中には、ふつうの中学2年生と3年1学期に習うべき教科内容は、いままも一切ない。教科書もなかったのだ。これで中学5年を終えた時点で、旧制高校を受けたのだから無謀というか、身のほど知らずにもほどがある。

私たちの学年は、中3で戦争に負けたことにより、丁度旧制と新制の教育のはざまに立ってしまったのだ。一年早ければ旧制高校、旧制大学の道をたどることになり、一年遅ければ全員が新制大学に入ることになったはずだ。

いま一年早ければ旧制大学の道と書いたが、実際にはそれはムリだったのだ。すでに学徒動員となっていたので、仮にその道を選んだら、軍隊に行くことになっていたかもしれない。

私は早生まれだったので、終戦時は14歳だったが、遅生まれの同級生は15歳であり、特別志願少年兵として、軍隊に入った者もいる。芝商業の同級生だった友人は、茨城県の霞ケ浦航空隊に入り、終戦で除隊してくると思ったが、なぜか帰らなかった。

いずれにせよ、この時期は混乱を極め、人のことに構う余裕はなかった。

疎開先の大網白里町での生活は安心かと思ったが、そうではなかった。松根油《しょうこんゆ》掘りを急いだのも、九十九里浜から米軍が上陸する、という噂が強まっていたからだ。

実際、軍隊の数は増強されていたので、このまま戦いがつづけば、どうなったかわからない。その意味では、1945（昭和20）年の天皇の御詔勅は、九十九里浜近辺の住民にとって、これほどありがたいお言葉はなかった。

終戦の翌年末のことだった。私は中学4年になっていたが、両手の指の間に、ひどい皮膚病ができてしまった。医師は疥癬《かいせん》だというが、治療薬がないという。敗戦後は米軍支給のＤＤＴしか、薬と呼べるような品はなかった。

治すとしたら、硫黄泉しかないという。兄はさっそく硫黄泉の出るところを調べてくれたが、神奈川県の箱根芦之湯温泉はどうかという。

敗戦後一年半もたたない時期で、たしかこの温泉には、ひなびた旅館が2軒しかなかったと思う。そのうちの一軒、松坂屋旅館に年末年始の一週間だけ、一人で泊まることになった。

∞　∞　∞

一日だけは兄が一緒に泊まってくれたが、二日目からはひとりぼっちだった。旅館側も、15歳の少年がたった一人で宿泊するのは初めてだという。私の目的は皮膚病を治すことにあるので、一日何回となく温泉に浸《つ》かるのが日課だった。

ある日、そんな少年を不思議に思った中年の男が、湯船の中で声をかけてきた。

「きみは毎日よく湯に浸かっているね」

記憶はまったくないが、多分こんな聞き方だったと思う。それに対して私は、指の間の疥癬を見せて、これを治すために、ひたすら温泉に入っている、と答えたに違いない。

この会話がその後の私の運命を決するとは、まったく思っていなかった。「神のみぞ知る」という言葉があるが、私は「神も知らなかった」と思っている。

彼はやせこけた男だった。特に顔が骨ばっていた。それでいて親切だった。湯から上がったら「私の部屋にいらっしゃい」と丁寧にいって先に上がっていった。

当時はまだテレビも発明されていない。ガーガー雑音の入るラジオしかなかった。ひまをもて余していたので、私は好奇心も手伝って、すぐ彼の部屋に行ったのだ。

私はてっきり男ひとりの部屋と思ったのだが、出迎えてくれたのは、ほっそりした女性だった。

それまでの私は、千葉の片田舎の健康そうな農婦を見ていたのと、魚を売りにくるおばさんの姿しか知らなかったので、この女性の物静かな上品さに、どぎまぎしてしまった。

なんといっても、まだ15歳の子どもなのだ。お茶を出してくれても、それを正座して飲む姿もぎごちなかったろう。それでも二人は私を気に入ってくれて、それから私は帰る日まで、毎日ほとんどこの部屋に入り浸っていた。

机の上には原稿用紙があったので、作家とわかったが、彼はなぜか名前を明かさなかった。それがなぜかは、のちになって推測できるのだが、そのときは不思議だった。私が彼と親しくなれたのは、15歳にしては小説をよく読んでいたからではないか、と思うのだ。いまの時代と違って、戦争の最中の娯楽といえば、図書室にある文学全集を読むくらいのものだった。

それに母と姉二人がいたので、婦人雑誌を毎月買っていたようだ。私はそれをむさぼるように読んだものだった。その頃婦人誌に連載していた、丹羽文雄《にわふみお》の小説があった。私の記憶に間違いがなければ、椅子の脚先に青年が口を押しつけて息を吹き出すと、メロディーが奏でられるという、珍しい技術の持ち主が主人公だった。

丹羽文雄先生は戦後、大変な人気作家になっただけでなく、「文學者」という同人誌による作家集団を率いて、錚々《そうそう》たるメンバーを世に送り出している。瀬戸内寂聴や津村節子もこの一派だが、毎月15日に東中野の「モナミ」というレストランで会合を開いたので「十五日会」とも称された。

∞ ∞ ∞

話はあちこちに飛ぶが、「女性自身」編集長になった頃、丹羽先生に連載小説を頼みに行ったことがある。このとき私は、戦時中の婦人誌で読んだこの小説のことを話したのだが、先生は静かに否定した。

「それは誰かに聞いた話だろう。きみが読んでいるはずがない。なぜなら戦争中の小説ということで、一冊の本になってないからだ」

しかし私は12、13歳頃に読んだ記憶で、その小説のあらすじを話したところ、先生は非常に驚いて、私をほめてくださった思い出がある。

これによって、私は十五日会の作家たちを大勢、丹羽先生から紹介されたのだった。これは私の宝物になった。

箱根に話を戻そう。いまはもう何を話し込んでいたのか思い出せないが、私は温泉旅館の作家の部屋で、さまざまな話をしたに違いない。そうでなければ4日間も、温泉宿の一室で二人の大人の男女が、少年の話を聞いてくれるはずがないからだ。恐らく面白かったのだろう。

新年が明けて兄が迎えに来てくれた日、この二人は、二階の窓を開けて見送ってくれた。ここだけははっきり記憶に残っているのだが、どてらを着た男と和服の女性が、桟《さん》のついたガラス窓を開けて、じっと私を見下ろしていた。このときの顔が、のちに、ある作家の映像と重なるのだ。

この作家こそ、数年後に女性と情死する、太宰治ではなかったかと思うのだ。その理由は新聞に出た写真が非常に似ていたこと。その後、雑誌に出た写真のポーズが酷似していたこと。特にふとんでごろ寝して会話するポーズは、太宰をよく知る作家たちに「そっくりだ！」と指摘された。

中でも太宰治と親友だった伊馬春部《いまはるべ》というラジオ作家は、

「君の中に太宰治は生きている。もうこれ以上、太宰かどうか探すのはやめなさい」

と、親切に玄関の外まで出てきて、強い言葉で断言してくれたのだった。

そしてこのエピソードが、のちになって、三島由紀夫、川端康成先生を感動させていく。

丁度一年後の中学4年（旧制）の3学期になると、私は急に詩を書くようになった。あの作家の影響だった。小説を書きたかったのだが、まだその力倆《りきりょう》はなかったので、短い詩にしたのだろう。

ところが新聞に投稿した詩に、選評が小さく載ったのだ。選者は白鳥省吾《しらとりしょうご》先生だった。それも1回だけではなく、2回目は「前途有望」とまで書いてくださったのだ。

当然のことながら、同級生の中には、目ざとくこの記事を見た者がいて、私を「早稲田に行け」とすすめてくれた。このときはまだ私の家庭事情で、大学に進学できるかどうか、決まってはいなかった。

というのも、当時の大学進学率は、全高校生の5パーセントに満たなかったからだ。100人中5人しか進学できないほど、一般家庭は貧しかったし、また大学を卒業したからといって、就職できるかどうかも定かではなかった。

世間はまた、中学・高校を卒業したら働きに出るのが当たり前、という風潮だったし、上野駅は少年少女の集団就職者で溢れ返っていた。まだこの時期は、大学を出なければできない仕事など、ほとんどない時代だった。

しかしありがたかったのは、母の気持ちだった。なぜ小学校しか出ていない母が、私にだけは「大学に行け」と秘かにすすめてきたのかわからなかったが、「私が兄さんたちに話してあげる」と真剣だった。

母には無念の思いがあったようだ。というのも、次男が東京高等師範学校（現・筑波大学）に在籍中に夫が亡くなったことで、中退せざるをえなかったからだ。私の家族はそれぞれに才能はあったが、大学に行けるほどの頭脳ではなかったようだ。

この時期の大学といえば、少ない上に相当むずかしい。父のいない子となれば、官立に行かないと、学資的にもむずかしい。結局、母の願いは末っ子の私に託されることになったのだろう。しかし授業料を出してくれるのは、兄たちだった。

私は結局、東京外国語大学を受験することになった。それも私の希望で英米学科ではなく、ロシア語学科を選んだ。ロシア文学を勉強したかったのだ。

兄はロシア語を勉強したら、私が必ず共産党員になると思っていたようだ。実際、私は日本共産党を創設した野坂参三と徳田球一にひそかに手紙を送り、返信のハガキも頂いていた。これもあって、私は「手紙」に強い自信を抱いていた。のちに五味康祐、松本清張、三島由紀夫、川端康成など、戦後を代表する大作家とつながった最初のきっかけは、手紙の交換、往復だったのだ。

ただロシア語を学びたい理由には二つあり、一つは原語でロシア文学を読みたいこと、もう一つは母の教えである「みんなと反対の道を歩きなさい」を実行したかったのだ。

こうして私は新設の東京外国語大学ロシア学科に入ったのだったが、これが思いがけぬ幸運を呼ぶと同時に、戦後の日本文学にとっても、非常に大きな出来事となっていったのだ。

（つづく）

おわりに　あの世の諸先輩に

私は今、この『１００歳人生を生きる！』を書き上げて、牛肉の焼肉を１００g、頂いています。それで私の疲れは取れてしまうのです。私は食いしん坊で、日によっては夜食も頂きますから、一日4食ということになります。

これで「よく働き、よく笑い、よく書く」のですが、これは若い頃の生活と、まったく変わりはありません。中でも手はよく動き、いまの私の年齢の男性で、私ほど原稿を書いている方は、多分いないでしょう。それだけでなく、スマホを使いこなしていますので、ここでの書く、話す分量も、若い人並みかもしれません。

それはともかく、私は92歳になったというのに、老い支度《じたく》、死に支度をしておりません。もちろんまったくしていないわけではありませんが、私の友人たちのように、墓を買い、戒名《かいみょう》をつくり、洋服類から本、資料に至るまで整理して「死よ！　いつでも来い」と、腕まくりして待っているわけではないのです。

友人の中には「櫻井、それでは間に合わないぞ」と、アドバイスしてくれる人もいるのですが、そういう親切な人ほど、すでにあの世でゆっくりしています。これらの親切な友人、知人たちは、定位置がないと不安なタイプなのかもしれません。

しかし、きちんと考えるならば、これらの死に方整理のほうが正しいでしょう。

その点私は、週刊誌気質が抜けないので、一週毎に、死に方が変化する、いい加減な体質なのかもしれません。

また古い東京外語の出身者は、こういう生き方を賛美していました。いまの東京外国語大学に、校歌や応援歌があるのかどうか知りませんが、私の時代は「流浪の旅」がロシア学科の歌だったのです。

流れ流れて　落ちゆく先は
北はシベリア　南はジャバよ
いずこの土地を　墓所と定め
いずこの土地の　土と終わらん

これは大正期の歌ですが、もとは中国の孔子の生き方を歌ったものであったといわれています。孔子さまも晩年、なおも流浪の身であったようです。

「いま丘《きゆう》や、東西南北の人なり」という一節が、あの『礼記』にあるようですが、「丘」とは孔子の諱《いみな》であり、留まるところがない状況を表しています。

私は勝手に孔子さまの生き方を、自分に重ねていますが、そのほうが、豊かな生き方ができるような気がするのです。

「老後の準備はもう少し先でもいいだろう！」と思っている生き方が正しいかどうか、わかりませんが、いまのところ私のこの生き方は、プラスに働いているような気がしてなりません。

自分の性格を考えると、まだ当分、勝手に仕事に熱中していくほうが、元気でいられるように思うのです。私を育ててくれた多くの諸先輩には申しわけないですが、もうしばらく、この世での生活を楽しませてください。よろしくお願いいたします。

著者

[著者プロフィール]

櫻井秀勲 さくらい・ひでのり

1931年、東京生まれ。東京外国語大学を卒業後、光文社に入社。大衆小説誌「面白倶楽部」に配属され、松本清張、五味康祐、やなせたかしなどの才能を発見。31歳で週刊「女性自身」の編集長に抜擢され、毎週100万部発行の人気週刊誌に育て上げた。その間、遠藤周作、幸田文、三島由紀夫、川端康成など、文学史に名を残す作家と親交を持った。
55歳での独立を機に作家デビュー。女性心理、生き方、仕事術、恋愛、結婚、運命、占術など多くのジャンルで執筆。その著作数は220冊を超える。2013年、82歳で出版社、きずな出版を起ち上げ、2023年、創業10周年を迎えた。作家として、社長として、また複数のオンランサロンを開設し、YouTuberとしても配信、活動している。

櫻井秀勲公式ホームページ
https://sakuweb.jp

100歳人生を生きる!

92歳、本日も絶好調!!

2023年3月25日　初版第1刷発行

著　者　櫻井秀勲

発行者　岡村季子

発行所　きずな出版

東京都新宿区白銀町1-13

〒162-0816

電話03-3260-0391

振替00160-2-633551

https://www.kizuna-pub.jp/

印　刷　モリモト印刷

ブックデザイン　福田和雄(FUKUDA DESIGN)

イラストレーション　夏目房之介

ISBN978-4-86663-195-0

きずな出版